Hans Tietmeyer/Bernd Rolfes (Hrsg.)

Basel II – Das neue Aufsichtsrecht und seine Folgen

Schriftenreihe des

european
center
for financial
services

begründet und herausgegeben von
Prof. Dr. Dr. h. c. mult. Hans Tietmeyer
Prof. Dr. Bernd Rolfes

Hans Tietmeyer/Bernd Rolfes (Hrsg.)

Basel II – Das neue Aufsichtsrecht und seine Folgen

Beiträge zum Duisburger Banken-Symposium

Mit Beiträgen von:

Dr. Gerrit Jan van den Brink, Prof. Dr. Rainer Elschen, Cordula Emse, Michael Fraedrich, Dr. h.c. Eberhard Heinke, Dr. Andreas Rinker, Prof. Dr. Bernd Rolfes, Jochen Sanio

Die Deutsche Bibliothek – CIP-Einheitsaufnahme
Ein Titeldatensatz für diese Publikation ist bei
Der Deutschen Bibliothek erhältlich

Prof. Dr. Dr. h.c. mult. Hans Tietmeyer war Bundesbankpräsident und ist Präsident des European Center for Financial Services (ecfs).

Prof. Dr. Bernd Rolfes ist Inhaber des Lehrstuhls für Banken und betriebliche Finanzwirtschaft an der Gerhard-Mercator-Universität Duisburg und Gesellschafter des Zentrums für ertragsorientiertes Bankmanagement.

1. Auflage Juni 2002

Alle Rechte vorbehalten
© Betriebswirtschaftlicher Verlag Dr. Th. Gabler GmbH, Wiesbaden 2002

Lektorat: Ralf Wettlaufer / Renate Schilling

Der Gabler Verlag ist ein Unternehmen der Fachverlagsgruppe BertelsmannSpringer.
www.gabler.de

Das Werk einschließlich aller seiner Teile ist urheberrechtlich geschützt. Jede Verwertung außerhalb der engen Grenzen des Urheberrechtsgesetzes ist ohne Zustimmung des Verlags unzulässig und strafbar. Das gilt insbesondere für Vervielfältigungen, Übersetzungen, Mikroverfilmungen und die Einspeicherung und Verarbeitung in elektronischen Systemen.

Die Wiedergabe von Gebrauchsnamen, Handelsnamen, Warenbezeichnungen usw. in diesem Werk berechtigt auch ohne besondere Kennzeichnung nicht zu der Annahme, dass solche Namen im Sinne der Warenzeichen- und Markenschutz-Gesetzgebung als frei zu betrachten wären und daher von jedermann benutzt werden dürften.

Umschlaggestaltung: Ulrike Weigel, www.CorporateDesignGroup.de
Druck und buchbinderische Verarbeitung: Lengericher Handelsdruckerei, Lengerich
Gedruckt auf säurefreiem und chlorfrei gebleichtem Papier
Printed in Germany

ISBN 3-409-12065-3

Vorwort

Von zentraler Bedeutung für die Sicherung der Stabilität und Funktionsfähigkeit des gesamten Finanzsystems ist eine risikoadäquate Eigenkapitalausstattung der Banken, da das Eigenkapital im Krisenfall zur Abdeckung von Verlusten dient. Mit dem Baseler Eigenkapitalakkord aus dem Jahr 1988 („Basel I") wurden erstmals international harmonisierte Mindestkapitalanforderungen etabliert, die inzwischen in über 100 Ländern umgesetzt wurden. In enger Anlehnung an diesen Akkord und dessen sukzessive Weiterentwicklung verfasste die EU entsprechende Eigenkapitalvorschriften, welche wiederum vom deutschen Gesetzgeber durch entsprechende Änderungen des Gesetzes über das Kreditwesen (KWG) und der Eigenkapitalgrundsätze implementiert wurden.

Trotz des mit den geltenden Normen erreichten recht hohen Niveaus der Regulierungsvorschriften und der daraus resultierenden positiven Effekte herrscht allgemein Übereinstimmung darüber, dass die derzeitige Eigenkapitalregelung eine Reihe von Schwachstellen aufweist. Dies gilt insbesondere für die gegenüber dem Eigenkapitalakkord von 1988 bislang kaum angepassten Vorschriften zur Behandlung von Kreditrisiken. Während für den Bereich der Marktrisiken inzwischen differenzierte, an den bankinternen Risikomessmethoden orientierte Unterlegungsvorschriften in das Regelwerk integriert wurden, erfolgt die Kapitalunterlegung von Kreditrisiken unverändert nach einem sehr pauschalen Ansatz. In Anbetracht der Tatsache, dass das Kreditrisiko die wichtigste Komponente innerhalb der Gesamtrisikoposition einer Bank darstellt, ist eine Modifizierung der das Kreditrisiko betreffenden aufsichtsrechtlichen Eigenkapitalvorschriften in Richtung eines „Basel II" überfällig.

Als Konsequenz wurde im Juni 1999 ein Konsultationspapier vorgelegt, das u. a. diesen Kritikpunkten Rechnung tragen soll. Während das erste Konsultationspapier teilweise noch recht vage gehalten war, enthielt das im Januar 2001 veröffentlichte zweite Konsultationspapier in großen Teilen konkretere Vorschläge, in welcher Art die Verfahren insbesondere zur Unterlegung von Kreditrisiken modifiziert werden könnten.

Der vorliegende zweite Band der ecfs-Schriftenreihe greift den Themenkomplex der Reformierung des Baseler Eigenkapitalakkords von 1988 auf und beleuchtet die Baseler Vorschläge von verschiedenen Blickwinkeln. Die im Rahmen dieser Schrift publizierten Beiträge basieren auf den Vorträgen der Referenten des 5. Duisburger Banken-Symposiums, das am 13. und 14. September 2001 in Duisburg vom ecfs ausgerichtet wurde. Alle Vorträge und Beiträge beruhen auf dem zweiten Baseler Konsultationspapier vom Januar 2001.

Als Referenten konnten auch in diesem Jahr wieder ausgewiesene Experten aus Wissenschaft und Praxis gewonnen werden, die durch ihre engagierte Mitwirkung den Erfolg dieser Veranstaltung garantierten. Ihnen gebührt daher unserer besonderer Dank. Ferner danken wir den Teilnehmern des Symposiums – vor allem Vorstandsmitglieder von Banken und Sparkassen sowie leitende Angestellte aus unterschiedlichsten Ressorts – die durch ihr zahlreiches Erscheinen und die lebhafte Diskussion verdeutlicht haben, wie aktuell und brisant dieses Thema ist. Weiterer Dank gilt den Mitarbeitern des Fachgebietes Banken und Betriebliche Finanzwirtschaft, die durch ihr großes Engagement auch in diesem Jahr zu dem äußerst erfolgreichen Gelingen der Veranstaltung beigetragen haben. Für die Aufbereitung der Beiträge und die organisatorische Gesamtkoordination gebührt Frau Dipl.-Kff. Cordula Emse unser besonderer Dank.

Prof. Dr. Dr. h.c. Hans Tietmeyer					Prof. Dr. Bernd Rolfes

INHALTSÜBERSICHT

AUTORENVERZEICHNIS	IX
ABBILDUNGSVERZEICHNIS	XI

Das Baseler 3-Säulen-Konzept und die Rolle der dezentralen Bankenaufsicht — 1
    DR. H.C. EBERHARD HEINKE

Banken im Wettbewerb – Wer profitiert vom neuen Aufsichtsrecht? — 13
    PROF. DR. RAINER ELSCHEN

Basel II und die zukünftigen Kreditpreise — 41
    PROF. DR. BERND ROLFES / CORDULA EMSE

Das Aufgabenpaket der Kreditinstitute zur praktischen Umsetzung von Basel II — 73
    DR. ANDREAS RINKER

Die Bedeutung operativer Risiken für Eigenkapitalunterlegung und Risikomanagement — 103
    DR. GERRIT JAN VAN DEN BRINK

Erfahrungen beim Aufbau einer modernen und aufsichtsadäquaten Kreditrisikosteuerung am Beispiel der WGZ-Bank — 123
    MICHAEL FRAEDRICH

Basel II – Revolution im Kreditgewerbe und in der Bankenaufsicht — 147
    JOCHEN SANIO

STICHWORTVERZEICHNIS — 159

zeb/rolfes.schierenbeck.**associates**
consultants for banking

Partner der Veränderer

Das zeb/ ist eine auf den Finanzdienstleistungssektor spezialisierte Unternehmensberatung mit mehr als 250 Mitarbeitern und internationaler Ausrichtung: Wir wirken mit am Ausbau der Leistungsfähigkeit und Wettbewerbsstärke unserer Kunden. Als Partner der Veränderer provozieren wir Zukunftsentscheidungen, die ein erfolgreiches Agieren auch in wettbewerbsintensiven Märkten ermöglichen.

zeb/rolfes.schierenbeck.**associates** und die Tochterunternehmen zeb/asset.management.**consult** sowie zeb/information.**technology** suchen Einsteiger und Berufserfahrene.

Informationen unter: www.zeb.de

Bewerbungen an: zeb/rolfes.schierenbeck.associates
Frau Dr. Ursula Heidbüchel
Human Resources Manager

Hammer Str. 165 | D-48153 Münster
Phone 02 51.9 71 28.333 | Fax 02 51.9 71 28.104
E-Mail personal@zeb.de | Internet www.zeb.de

Berlin ▪ Frankfurt ▪ München ▪ Münster ▪ Warschau ▪ Wien ▪ Zürich

Autorenverzeichnis

Dr. Gerrit Jan van den Brink
Managing Operational Risk Controller
Dresdner Bank AG

Prof. Dr. Rainer Elschen
Leiter Lehrstuhl für Finanzwirtschaft & Banken
Universität Essen

Cordula Emse
Wissenschaftliche Mitarbeiterin am Fachgebiet Banken und Betriebliche Finanzwirtschaft
Gerhard-Mercator-Universität Duisburg

Michael Fraedrich
Mitglied des Vorstandes
WGZ-Bank, Düsseldorf

Dr. h.c. Eberhard Heinke
Präsident
Landeszentralbank Nordrhein-Westfalen, Düsseldorf

Dr. Andreas Rinker
Geschäftsführender Partner
zeb/rolfes.schierenbeck.associates

Prof. Dr. Bernd Rolfes
Leiter Fachgebiet Banken und Betriebliche Finanzwirtschaft
Gerhard-Mercator-Universität Duisburg

Jochen Sanio
Präsident
Bundesaufsichtsamt für das Kreditwesen

ABBILDUNGSVERZEICHNIS

Abbildung 1:	Geplante Eigenkapitalunterlegung vor und nach Basel II	17
Abbildung 2:	Risikogewichte beim Standardansatz	22
Abbildung 3:	Vergleich IRB-Ansätze – Standardansatz	25
Abbildung 4:	Vergleich IRB-Ansätze – Standardansatz 2	26
Abbildung 5:	Das Drei-Säulen-Konzept der Bankenaufsicht des Baseler Ausschusses	43
Abbildung 6:	Die Bonitätsgewichte nach externem Rating (Standardansatz)	45
Abbildung 7:	Alternative Risikogewichte für einen Kreditnehmer (Nichtbank) nach Basel II	48
Abbildung 8:	Granularitätseffekt für zwei unterschiedlich strukturierte Beispiel-Portfolios	52
Abbildung 9:	Kostenkomponenten der Kreditkondition	54
Abbildung 10:	Kosten für Emittenten-Erst-Ratings	56
Abbildung 11:	Risikostatus und Risikoprämie	58
Abbildung 12:	Auswirkung der neuen Eigenkapitalvereinbarung auf die Standard-Risikokosten	59
Abbildung 13:	Eigenkapitalkosten nach Grundsatz I und Baseler Standardansatz	60
Abbildung 14:	Renditeansprüche auf Risikokapital nach dem IRB-Ansatz für Unternehmen	61
Abbildung 15:	Renditeansprüche nach dem IRB-Ansatz für Privatkunden	62
Abbildung 16:	Differenzierung der Renditeansprüche bei Laufzeitanpassung	63
Abbildung 17:	Auswirkungen alternativer Unterlegungsverfahren auf die Spreizung der Kreditkonditionen	64
Abbildung 18:	Wachstum des Eigenkapitals bei Kreditbanken und Sparkassen im Vergleich	67
Abbildung 19:	Projektmodule und Projektbausteine	75
Abbildung 20:	Stufen des Kreditrisikomanagementprozesses	76
Abbildung 21:	Komponenten der Risikoprämienkalkulation	78
Abbildung 22:	Der Einfluss von Kreditrisiken bei der Ermittlung der Mindestkondition	79
Abbildung 23:	Wahrscheinlichkeitsverteilung der Kreditportfolioverluste	81
Abbildung 24:	Der Einfluss von Größenklassenkonzentrationen auf das Kreditportfoliorisiko	82
Abbildung 25:	Regelkreis der Steuerung	83
Abbildung 26:	Strukturleitlinien für das Kreditgeschäft	85
Abbildung 27:	Musteraufbauorganisation im 3-Vorstände-Modell	86
Abbildung 28:	Beispielorganigramm Kreditfunktionen	87
Abbildung 29:	Kompetenzmatrix im qualifizierten Kreditgeschäft	90

Abbildung 30:	Eskalationsmechanismus	91
Abbildung 31:	Preiskompetenzsystem	92
Abbildung 32:	Ergebniskompetenzsystem	93
Abbildung 33:	Funktions-/Prozessmatrix	95
Abbildung 34:	IST-Situation im Kreditgeschäft	97
Abbildung 35:	Kapazitätsveränderungen durch Reorganisation – Praxisbeispiel	99
Abbildung 36:	Bausteine des Umsetzungspakets	100
Abbildung 37:	Checkliste zur Abarbeitung des Aufgabenpakets zur Umsetzung von Basel II/MaK	101
Abbildung 38:	Abgrenzung der Risikoarten für die Verlustzuweisung	105
Abbildung 39:	Zusammenhang zwischen den Risikoarten	107
Abbildung 40:	Operational Risk Map	115
Abbildung 41:	Die Attribute in STORM	117
Abbildung 42:	Operational Risk Scorecard	118
Abbildung 43:	Verluste kategorisiert nach Ursachen	119
Abbildung 44:	Der Kalkulationsprozess für ökonomisches Kapital	120
Abbildung 45:	Auffassungen von Kreditrisikosteuerung und ihre Konsequenzen	125
Abbildung 46:	Entwicklungsstufen der Kreditrisikosteuerung	125
Abbildung 47:	Adverse Selektion im Kreditportfolio	126
Abbildung 48:	Systematisierung von Kreditportfoliorisiken	129
Abbildung 49:	Komponenten des erwarteten Verlustes	135
Abbildung 50:	Ratingprozess	138
Abbildung 51:	„Ökonomische Werthebel" eines trennscharfen Ratings	139
Abbildung 52:	Beispielhafter Verlauf des EAD im Zeitablauf	140
Abbildung 53:	Mögliche Entwicklung ausgefallener Forderungen	141
Abbildung 54:	Zusammenhang von EAD und Severity	142
Abbildung 55:	Komponenten der Kreditkondition	142
Abbildung 56:	Pricing-Systematik nach RAROC	143
Abbildung 57:	Umsetzung der Baseler Vorschläge durch WGZ-Projekte	144
Abbildung 58:	Eigenkapitalunterlegung nach den Baseler Unterlegungsansätzen	145

Das Baseler 3-Säulen-Konzept und die Rolle der dezentralen Bankenaufsicht

Dr. h.c. Eberhard Heinke

Präsident der Landeszentralbank in Nordrhein-Westfalen und
Mitglied des Zentralbankrates der Deutschen Bundesbank

„Basel II" – so die Kurzform für die neuen internationalen Regeln auf bankaufsichtlichem Gebiet – ist seit Monaten das beherrschende Thema in der Finanzbranche. Die Vielzahl an Pressebeiträgen zu diesem Thema lässt erkennen, wie sehr die Vorschläge des Baseler Ausschusses für Bankenaufsicht die Gemüter im Kreditgewerbe und in der Unternehmerschaft bewegt.

Alles andere wäre auch verwunderlich, denn die uns bisher im Entwurf vorliegende Übereinkunft ist mehr als eine schlichte Novelle des Eigenkapitalakkords aus dem Jahre 1988. Sie markiert einen tief greifenden **Wandel im aufsichtlichen Paradigma** – ein Überbordwerfen traditioneller Aufsichtsansätze zu Gunsten eines völlig neuen Konzepts, das sich die modernen Steuerungsmethoden des Bankgewerbes zu Eigen macht. Bei der Beurteilung der Solidität von Banken und Sparkassen rücken künftig qualitative Aspekte stärker in den Vordergrund. Sie eröffnen der Aufsicht größere Ermessensspielräume und stärken zugleich die Eigenverantwortung der Institute.

Die neue Baseler Vereinbarung hat beträchtliche Auswirkungen auf die Disposition des Eigenkapitals der Banken als zentrale risiko- und geschäftsbegrenzende Größe. Ihre Regeln werden die gewachsenen Strukturen und Prozesse in den Instituten – insbesondere bei der Steuerung des Kreditgeschäfts – verändern. Zwangsläufig hat dies auch Rückwirkungen auf die Kreditvergabepraxis und damit auf die Kreditnehmer selbst – insbesondere auf die kleinen und mittelständischen Unternehmen.

In der Diskussion um „Basel II" wurden viele Befürchtungen geäußert. Die Bankenaufsicht nimmt diese sehr ernst. Bei fairer Abwägung werden Kritiker allerdings einräumen müssen, dass viele Äußerungen zu „Basel II" pauschaliert und – mit Blick auf die noch laufenden Verhandlungen – überspitzt vorgetragen wurden. Sie sollten nicht darüber hinwegtäuschen, dass die Neue Baseler Eigenkapitalvereinbarung von der deutschen wie auch der internationalen Kreditwirtschaft im Grundsatz ausdrücklich begrüßt wird. Ich will allerdings nicht verhehlen, dass eine Reihe technischer Details im Papier derzeit noch umstritten ist und hier und da erheblich nachgebessert werden muss.

Vielleicht gelingt es, im Rahmen dieses Bankensymposiums viel von dem interessenbezogenen Pulverdampf hinwegzublasen und eine klare Perspektive auf „Basel II" zu gewinnen, um so unseren Teil zur Versachlichung der Diskussion beizutragen.

Mit „Basel II" wird ein langjähriges Anliegen der Banken umgesetzt. Denn der alte Akkord ist im Kern vierzig Jahre alt und wurde von den Entwicklungen an den Finanzmärkten überholt.

Durch seine pauschale Vorgehensweise bei der Bewertung bankgeschäftlicher Risiken setzt er falsche Signale, die zum Teil bereits zu Kapitalarbitrage geführt haben.

Weil die Banken auch für gute Risiken relativ hohe Eigenkapitalanforderungen erfüllen müssen, besteht ein Anreiz, diese Aktiva in zunehmendem Maße aus der Bilanz zu entfernen. Diese – zugegebenermaßen rationale – Ausweichreaktion wird durch die modernen Methoden des Risikohandels begünstigt. Für die Stabilität der Finanzmärkte – und dies ist für uns Aufseher wichtig – ist sie jedoch kontraproduktiv. „Basel II" möchte diese Fehlanreize im gültigen Aufsichtsrecht beseitigen, in dem es,

- die für die Bankenaufsicht nach wie vor elementaren Kapitalanforderungen stärker als bisher an die tatsächlichen ökonomischen Risiken der Banken anpasst,

- neuere Entwicklungen an den Finanzmärkten und im Risikomanagement der Institute berücksichtigt sowie

- durch den regulatorischen Handlungsrahmen adäquate Anreize für eine risikosensitive Geschäftspolitik der Banken schafft.

Jedoch kann eine risikoadäquate Eigenkapitalausstattung allein – so wichtig diese auch ist – die Solvenz einer Bank und die Stabilität des Bankensystems in einer zunehmend komplexen und vernetzten Welt nicht mehr gewährleisten. Zentraler Ausgangspunkt für dauerhafte Finanzstabilität ist vielmehr die von der Geschäftsleitung einer Bank bestimmte Risiko-/ Ertragsstrategie gepaart mit ihrer Fähigkeit, die eingegangenen Risiken jederzeit steuern und tragen zu können. Deshalb sind die Entwicklung, der Einsatz und die aufsichtliche Überprüfung adäquater Risikosteuerungssysteme der Banken und Sparkassen in der Aufsicht von morgen von essenzieller Bedeutung.

Um diese Ziele zu erreichen, verfolgt der Baseler Ausschuss eine so genannte **„Drei-Säulen-Strategie"** bestehend aus Mindestkapitalanforderungen (Säule 1), einem Überprüfungsverfahren durch die Aufsichtsbehörden (Säule 2) und den unter dem Stichwort „Marktdisziplin" zusammengefassten Publizitätsanforderungen (Säule 3). Diese drei Säulen stehen grundsätzlich gleichberechtigt nebeneinander und sollen sich gegenseitig verstärken.

Im Mittelpunkt des neuen Baseler Akkords steht die erste der drei Säulen mit der Festlegung von **Mindestkapitalanforderungen** für die Banken.

Danach sollen die Institute die nach Schuldnerklassen (z. B. Länder, Unternehmen, oder Kreditinstitute) gewichteten Risikoaktiva unverändert mit mindestens acht Prozent Eigenkapital unterlegen.

Was ist also neu an „Basel II"? Neu ist zum einen, dass neben den Kreditrisiken und Marktrisiken künftig auch die operationellen Risiken der Banken explizit mit Eigenkapital zu unterlegen sind. Neu sind auch die bankaufsichtlichen Ansätze zur Messung des Kreditrisikos. Der geltende Eigenkapitalakkord ist verhältnismäßig einfach strukturiert und sieht keine Differenzierung nach der Bonität der privaten Kreditnehmer vor. Die zukünftigen Eigenkapitalanforderungen werden sich dagegen wesentlich stärker am tatsächlichen Risikogehalt der Bankgeschäfte orientieren. Zur Messung der Risiken wird ein evolutionärer Ansatz verfolgt. Er lässt sowohl standardisierte Risikomessmethoden als auch verfeinerte Verfahren zu. Damit können die bankaufsichtlichen Eigenkapitalregeln Fortschritte bei der Entwicklung moderner Risikomanagementsysteme Rechnung tragen und zugleich die unterschiedlichen Anspruchsniveaus dieser Systeme bei den verschiedenen Banken berücksichtigen.

Für die Bemessung der Eigenkapitalunterlegung von Kreditrisiken schlägt der Baseler Ausschuss einen Standardansatz sowie zwei auf bankinternen Ratingverfahren basierende Ansätze vor.

Im **Standardansatz** werden – wie bisher – Risikogewichtungssätze für bestimmte Arten von Kreditforderungen vorgegeben. Neu ist, dass neben den bekannten Sätzen (0 %, 20 %, 50 % und 100 %) ein zusätzliches Risikogewicht von 150 % für sehr risikoreiche Engagements eingeführt wird. Ausschlaggebend für den Risikogehalt einer Forderung ist die Einschätzung des Schuldners durch externe Ratingagenturen. Kredite an Unternehmen, die über kein externes Rating verfügen erhalten ein standardmäßiges Risikogewicht von 100 %.

Streng genommen handelt es sich beim Standardansatz um eine differenziertere Form des uns bekannten Grundsatzes I. Für das Kreditgeschäft unserer Banken mit ihren überwiegend mittelständischen Kunden macht dieser Ansatz allerdings wenig Sinn. Denn nur sehr wenige deutsche Kreditkunden verfügen über ein externes Rating. Wir haben uns daher stets für die gleichberechtigte Anerkennung bankinterner Ratings – und damit für die Berücksichtigung mittelständischer Strukturen - eingesetzt. In zähen Verhandlungen ist es der deutschen Delegation auch gelungen, diese Vorstellungen durchzusetzen.

Die alternative Anerkennung **bankinterner Ratings** zur Bemessung der Eigenkapitalunterlegung im Kreditgeschäft knüpft an die in den Banken bereits vorhandenen Systeme zur Risikomessung an. Vielfach müssen diese Techniken jedoch den Baseler Anforderungen entsprechend verbessert und differenziert werden.

Bei den auf internen Ratings basierenden Ansätzen der Mindesteigenkapitalermittlung – auch kurz IRB-Ansätze genannt – ordnet die Bank oder Sparkasse zunächst jedem Kreditnehmer eine Maßzahl für den Risikogehalt des zu vergebenen Krediten zu – das so genannte interne Rating. Im Vergleich zur herkömmlichen Form der bilanzbasierten Bonitätsanalyse ist ein Rating zukunftsorientiert und berücksichtigt stärker qualitative Faktoren. Anschließend wird jeder Kunde einer von mindestens acht Ratingklassen zugeordnet, die je nach Größe des Instituts mehrere tausend Kreditnehmer umfassen kann. Für jede dieser Klassen wird dann die durchschnittliche Ausfallwahrscheinlichkeit ermittelt.

Im so genannten **IRB-Basisansatz** bestimmt die Ausfallwahrscheinlichkeit die Höhe der Eigenkapitalunterlegung für die Kredite einer Ratingklasse. Alle übrigen Komponenten des Kreditrisikos werden standardmäßig von der Aufsicht vorgegeben. Kredite mit einer sehr geringen Ausfallwahrscheinlichkeit binden künftig weniger, Engagements mit einer überdurchschnittlich hohen Verlustgefahr mehr Mittel. Die Höhe des vorzuhaltenden Eigenkapitals einer Bank oder Sparkasse hängt damit ganz individuell von der Risikostruktur der zu Grunde liegenden Kreditportfolien ab.

Ist ein Kreditinstitut in der Lage, neben der Ausfallwahrscheinlichkeit auch die übrigen Komponenten des Kreditrisikos zu schätzen, so kann es zum so genannten **fortgeschrittenen IRB-Ansatz** übergehen. Voraussetzung ist jedoch, dass eigene Schätzungen für die Verlustquote, die Höhe des Engagements bei Kreditnehmerausfall oder die Restlaufzeit des Kredits durchgeführt werden können. Der Risikogehalt eines Kredits und damit seine Eigenkapitalunterlegung ermittelt sich beim fortgeschrittenen IRB-Ansatz aus dem Zusammenspiel sämtlicher Risikokomponenten. Sie ist also auch hier spezifisch portfolioabhängig.

Erklärtes Ziel des Baseler Ausschusses ist es, den Kreditinstituten Anreize zur Anwendung anspruchsvollerer Methoden der Risikomessung – also der IRB-Ansätze – zu liefern. Der Baseler Ausschuss beabsichtigt daher, Kreditinstitute, die vom Standardansatz auf den IRB-Basisansatz übergehen, mit etwas niedrigeren Eigenkapitalanforderungen zu belohnen. Der Übergang zum fortgeschrittenen IRB-Ansatz soll mit einem weiteren, spürbaren Nachlass beim Mindesteigenkapital honoriert werden. Für Institute, die den Standardansatz anwenden, also – mit wenigen Änderungen – nach den jetzt geltenden Regeln verfahren, sollen die Eigenkapitalanforderungen auf dem heutigen Niveau verbleiben. Diese Betrachtung zielt allerdings auf den Durchschnitt des gesamten Bankensystems ab. Bei einzelnen Instituten kann es je nach Struktur der Kreditportfeuilles zu höheren oder niedrigeren Mindesteigenkapitalanforderungen kommen. Das ist dann aber auch sachgerecht und ökonomisch sinnvoll.

So weit die Theorie. In der Praxis – so die Befürchtung der Kreditinstitute – werde die Eigenkapitalbelastung insgesamt steigen. Ich gebe zu, dass – nach derzeitigen Erkenntnissen und vor dem Hintergrund der durchgeführten Proberechnungen – das Zusammenspiel der Parameter im Bereich der Eigenkapitalkalibrierung insgesamt unausgewogen und noch nicht zielführend ist. Daher muss der Sinn und die Größenordnung einzelner Variablen für die unterschiedlich komplexen Verfahren im Rahmen der weiteren Verhandlungen genauestens hinterfragt werden.

Da wichtige Teilelemente des Akkords noch nicht abschließend formuliert wurden, sind endgültige Aussagen über die Auswirkungen der neuen Eigenkapitalregelungen zum jetzigen Zeitpunkt noch nicht möglich. Zudem liegen noch keine Ergebnisse aus der ergänzenden Proberechnung zum operationellen Risiko vor.

„Gut Ding will Weile haben". Insbesondere die sorgfältige Analyse der mehr als 250 umfangreichen und sehr fundierten Stellungnahmen zum Baseler Papier beansprucht erhebliche Zeit und personelle Ressourcen. Ich begrüße daher die Entscheidung des Ausschusses, den Start von „Basel II" um ein Jahr auf 2005 zu verschieben. Der maßgeblich auf deutsches Drängen hin verlängerte Konsultationsprozess bedeutet jedoch keinen Zeitgewinn. Der Aufschub war notwendig – im Interesse der Kreditwirtschaft, ihrer Kunden und der an der Bankenaufsicht beteiligten Institutionen. Für uns alle bleibt der Druck zur Anpassung unvermindert hoch. Die Verschiebung des Zeitplans bietet jedoch einerseits Chancen für eine deutliche qualitative Verbesserung der Baseler Regelungen. Andererseits gibt sie den Betroffenen Gelegenheit, sich fundiert auf die veränderten Rahmenbedingungen einzustellen.

Qualitative Verbesserungen könnten insbesondere den kleinen und mittleren Banken mit ihrer vorwiegend mittelständischen Kundschaft zu Gute kommen. Denn eines ist – dank guter Argumente und dem ebenso überzeugenden wie beharrlichen Verhandlungsstil der deutschen Delegation – inzwischen klar: Eine Benachteiligung soll auf jeden Fall vermieden werden. Das ist auch das erklärte Ziel der EU-Kommission, die bereits an einer Übernahme der Baseler Vorschläge in das EU-Recht arbeitet.

Dabei sind erste Erfolge schon zu vermelden: Der Ausschuss strebt eine Reduzierung des Gesamtkapitalniveaus sowohl für Unternehmens- als auch für Privatkunden-Portfolien im IRB-Ansatz im Vergleich zu den jetzigen Vorschlägen an. Der Skalierungsfaktor in der Risikogewichtungsfunktion für Unternehmen, Banken und Staaten wird wohl gestrichen. Er sollte Schätzfehler bei der Bestimmung von Ausfallwahrscheinlichkeiten und der geringeren risikoabsorbierenden Wirkung von Ergänzungskapital Rechnung tragen. Des Weiteren ist eine Abflachung der Risikogewichtsfunktion für Staaten, Banken und Unternehmen geplant. Dies führt zu niedrigeren Eigenkapitalanforderungen bei mittleren bis schlechten Bonitäten und kommt damit den Finanzierungsbedingungen zumindest eines Teils unseres Mittelstandes zu Gute.

Lösungen deuten sich auch in der Frage der systematischen Einbeziehung der erwarteten Verluste in die Risikogewichte an. Die Kreditwirtschaft hat die Eigenkapitalunterlegung der erwarteten, d.h. in die Konditionen eingepreisten Verluste, heftig kritisiert. Ich halte diese Kritik vor allem im Hinblick auf die Risikovorsorgekultur in Deutschland für durchaus berechtigt. Dennoch steht Deutschland in dieser Frage „allein auf weiter Flur". Der Aufbau einer Risikovorsorge für erwartete Verluste ist international sehr unterschiedlich. Die zwingende Unterlegung erwarteter Verluste mit Eigenkapital folgt so dem Vorsichtsprinzip. Der Baseler Ausschuss hat daher im Juli vorgeschlagen, die Kalibrierung weiterhin auf erwartete und unerwartete Verluste zu beziehen.

Im Mittelpunkt der Kritik stehen insbesondere die vorgesehenen Risikozuschläge für Kredite mit längerer Laufzeit. Deutschland will erreichen, dass überhaupt keine Zuschläge verlangt werden, andere Staaten – wie die USA – halten Laufzeitzuschläge aus Gründen der Risikosensitivität für angemessen. Der sich abzeichnende Kompromiss wird voraussichtlich auf moderate Zuschläge hinauslaufen. So überlegt der Ausschuss, eine Obergrenze von fünf an Stelle von bisher sieben Jahren einzuziehen. Die für die Finanzierung unserer Unternehmen und die gesamtwirtschaftliche Entwicklung so bedeutende „Langfristkultur" wird insofern nicht beschädigt werden.

Noch nicht abgeschlossen ist auch die Diskussion um die Anerkennung von Instrumenten zur Minderung von Kreditrisiken wie Sicherheiten, Garantien, Kreditderivate und Nettingvereinbarungen für Bilanzpositionen, durch die die Eigenkapitalanforderungen reduziert werden können. Vielfach haben die Verbände bemängelt, dass der Kreis der Sicherheiten – zumindest bei den einfacheren Ansätzen zur Risikobemessung – sich in erster Linie auf Finanzinstrumente beschränkt. Sie fordern die Zulassung weiterer mittelstandsspezifischer Sicherheiten, wie z.B. Forderungen aus Lieferungen und Leistungen. Mit Blick auf die Finanzmarktstabilität ist jedoch wichtig, dass in „Basel II" nur solche Sicherheiten anerkannt werden, die werthaltig sind, objektiv und leicht bewertet werden können. Die Schwierigkeit liegt darin, weltweit gültige Lösungen für die Anerkennung von physischen Sicherheiten zu finden. Die Baseler Regeln dürfen sich nicht an den Besonderheiten der nationalen Rechtsordnungen und Usancen orientieren.

Klar ist auch, dass der ursprünglich vorgesehene Anteil des haftenden Eigenkapitals von 20% für das operationelle Risiko zu hoch gegriffen ist. Wie hoch die Unterlegung sein wird, hängt von der Ausgestaltung der verschiedenen Ansätze ab. Auch hier möchte der Ausschuss Anreize schaffen, risikosensitivere Verfahren für die Messung dieser Risiken zu entwickeln. Meine Damen und Herren, wir sollten nicht vergessen, dass es sich hier für alle Beteiligten um „Neuland" handelt und man sich langsam an Verbesserungen herantasten muss. Noch steht man ganz am Anfang. Und dennoch nutzt allein die Diskussion der Baseler Vorschläge: Sie hat das Bewusstsein für das operationelle Risiko geschärft.

Ebenso ist das Bewusstsein der Banken für mehr Transparenz gewachsen, die sich aus den Publizitätspflichten der **Säule 3** des Baseler Akkords ergibt.

Insbesondere im internationalen Rahmen gewinnt die Disziplinierung von Unternehmen durch die Marktkräfte immer stärker an Bedeutung. Für die Hauptadressaten des Baseler Akkords, die international tätigen Banken, halte ich die Veröffentlichung von relevanten Informationen als Grundlage für Entscheidungen der Marktteilnehmer auch für sehr wichtig. Diese umfassen sowohl Auskünfte über die Höhe und Zusammensetzung des Eigenkapitals, die Art und den Umfang der eingegangenen Risiken sowie Strategien zur Begrenzung und zum Management dieser Risikopositionen. Darunter fallen auch Angaben über Methodik und Anwendung der internen Ratingverfahren. Aber: der Grundsatz der Wesentlichkeit von Informationen sollte dabei nicht aus den Augen verloren werden. Das heißt, dass vor allem kleine und mittlere Institute mit einem nur geringen Beitrag zum Systemrisiko nicht mit Offenlegungsanforderungen übermäßig belastet werden dürfen, für die es m.E. keinen Informationsbedarf gibt.

Meine Ausführungen zur Säule 3 führen mich direkt zu **Säule 2**, die – so meine ich – in der öffentlichen Diskussion bisher recht stiefmütterlich behandelt wurde.

Das erklärte Ziel von „Basel II" ist es, die Unterlegung von Risiken mit Eigenkapital risiko- und steuerungsadäquater zu gestalten. Gleichzeitig wird damit deutlich, dass die gegenwärtige – auf rein quantitativen Angaben basierende – Aufsichtspraxis den Anforderungen nicht mehr voll gerecht werden kann. Denn die Bankenaufsicht hat bisher kaum Möglichkeiten, sich durch Einsichtnahme vor Ort einen Überblick über die Geschäfte und das Risikoprofil eines Institutes insgesamt zu verschaffen. Sie ist bei der Beurteilung weit gehend auf Informationen aus dritter Hand, z. B. von Jahresabschlussprüfern oder Prüfungsverbänden angewiesen.

Vorgesehen ist künftig eine individuelle Bewertung von Risikolage und Risikomanagement der einzelnen Institute unter stärkerer Betonung qualitativer Elemente durch Prüfungen der Aufsicht in den Banken und Sparkassen. Ferner soll durch diese verstärkte Vor-Ort-Präsenz der Aufsicht ein zeitnäherer Überblick über wichtige Geschäftsfelder und Risiken erzielt werden, um flexibler und in stärkerem Maße als bisher präventiv reagieren zu können. Dabei soll die Eigenmittelausstattung nicht nur den aufsichtsrechtlichen Normen, sondern vor allem dem individuellen Risikoprofil einer Bank entsprechen.

Die Möglichkeit, individuelle Vorgaben für einzelne Banken in Abhängigkeit von ihrem Risikoprofil aufzustellen, ist für viele von Ihnen eine Perspektive, an die man sich wohl schwer gewöhnen kann. Ihre Befürchtung, dass der Bankenaufsicht weit gehende Ermessensspielräume und entsprechende Eingriffsbefugnisse eingeräumt werden, kann ich sehr gut nachvollziehen. Ich kann Ihnen aber versichern, dass es keinesfalls das Ziel der Bankenaufseher ist, eine individuelle Mindesteigenkapitalquote für jedes Kreditinstitut festzulegen, die oberhalb der Anforderungen von Säule 1 liegt. Ich sagte eingangs, dass „Basel II" verstärkt an die Eigenverantwortung der Kreditinstitute appelliert. Dies bezieht sich insbesondere auf die Säule 2. Wird bei einem Institut ein Missverhältnis von eingegangenen Risiken, den Mess-, Kontroll- und Steuerungsmechanismen und der vorhandenen Eigenkapitalausstattung festgestellt, so ist eine höhere Eigenkapitalquote aus meiner Sicht nur die letzte aller bankaufsichtlichen Maßnahmen. Zunächst einmal wird das Institut – hoffentlich überzeugt von den guten Argumenten der Aufsicht – von sich aus die internen Methoden und Prozesse verbessern, die Risikovorsorge erhöhen, oder möglicherweise die Risiken zurückfahren.

Es wird darauf ankommen, die notwendige Neuausrichtung sukzessive, behutsam und mit Augenmaß vorzunehmen. Das höhere Maß an aufsichtlichen Eingriffsmöglichkeiten muss ferner mit einem Zuwachs an Transparenz und Nachvollziehbarkeit der Entscheidungsprozesse einhergehen, um auf hinreichende Akzeptanz zu stoßen. Außerdem muss es unverändert bei dem Grundsatz bleiben, dass die Aufsicht nur den Rahmen vorgeben kann und nicht in die Geschäftspolitik der Banken eingreifen darf.

Die konkrete Implementierung des neuen Aufsichtskonzepts in Deutschland wird schrittweise erfolgen. Dabei wird man sicherlich bei den „global playern" beginnen, auf die das Baseler Regelwerk primär zugeschnitten ist. Inhaltlich dürfte sich die verstärkte Vor-Ort- Präsenz der Aufsicht neben dem Handelsgeschäft zunächst vor allem auf die Gesamtbanksteuerung und das Kreditgeschäft beziehen. Das gilt insbesondere, wenn im Rahmen der Umsetzung des Baseler Konsultationspapiers interne Ratingverfahren zur Prüfung durch die Aufsicht anstehen. Ferner werden neben die Mindestanforderungen für Handelsgeschäfte (MaH) künftig auch qualitative Vorgaben für das Kreditgeschäft (MaK) treten.

In jedem Fall beinhaltet die Überprüfung durch die Aufsicht hohe Anforderungen an die qualitative und quantitative Ausstattung der nationalen Aufsichtsbehörden. Die Neuausrichtung der Aufsicht ist nur zu leisten, wenn die vorhandenen Aufsichtsressourcen optimal eingesetzt werden. Hierüber besteht Einigkeit.

Lassen Sie mich daher an dieser Stelle kurz auf das Gesetzesvorhaben der Bundesregierung zur Neuordnung der Finanzmarktaufsicht eingehen.

Wie Sie der Presse sicherlich entnommen haben, hat die Bundesregierung am 15. August 2001 den Entwurf des Gesetzes über die integrierte Finanzmarktaufsicht verabschiedet. Inzwischen beschäftigt sich der Bundesrat mit der Vorlage, so dass die Beratungen im Bundestag Anfang Oktober beginnen können. Nach einer sehr langen und teilweise sehr zähen Diskussion ist die notwendige Reform der Finanzmarktaufsicht in Deutschland damit ein entscheidendes Stück vorangekommen.

Offen gestanden ist dem Bundesfinanzminister jedoch mit dieser Gesetzesvorlage kein wirklich großer Wurf gelungen. Im Vorblatt des Gesetzentwurfs heißt es zwar, vor dem Hintergrund tief greifender Veränderungen auf den Finanzmärkten – und dazu zählt sicherlich auch „Basel II" – verlange die institutionelle Struktur der bisher bestehenden Aufsichtsorgane eine Anpassung. Hierin stimme ich mit Herrn Bundesfinanzminister Eichel überein. Was als der große Wurf angekündigt wurde, ist aber „nur" die Zusammenlegung der Bundesaufsichtsämter für das Kreditwesen, das Versicherungswesen und den Wertpapierhandel zur „Bundesanstalt für Finanzdienstleistungsaufsicht". Ich habe große Zweifel, ob diese „Mega-Behörde" tatsächlich über die notwendige Flexibilität zur Bewältigung der großen Herausforderungen verfügt. Meines Erachtens wäre es besser und effizienter, der Deutschen Bundesbank die Gesamtverantwortung für die Bankenaufsicht in Deutschland zu übertragen. Zur weiteren Koordination der Aufsicht wäre das seit Anfang dieses Jahres bestehende „Forum für Finanzmarktaufsicht" das geeignete Gremium gewesen.

Begrüßenswert ist allerdings der Vorschlag des Finanzministers, der Deutschen Bundesbank insgesamt – und vor allem den vor Ort präsenten Landeszentralbanken – die laufende Beaufsichtigung der Banken, Sparkassen und Finanzdienstleister zu übertragen. Hierfür dürfte letztlich doch die Einsicht ausschlaggebend gewesen sein, dass eine künstliche Trennung von Notenbank und Bankenaufsicht weder für die Notenbank noch für die Bankenaufsicht von Vorteil wäre. Einerseits haben die im Rahmen der Bankenaufsicht anfallenden Informationen eine wichtige Frühindikatorfunktion für die Geldpolitik. Andererseits wäre es töricht, die Zentralbank angesichts der dynamischen Entwicklung an den Finanzmärkten und der zunehmenden Komplexität der Geschäfte aus ihrer Verantwortung für die Stabilität des Finanzsystems zu entlassen. Die zunehmende Gefahr von Systemrisiken erfordert eine unmittelbare und umfassende Information der Notenbank über die Risikolage einzelner Banken.

Zudem darf nicht aus dem Blickfeld geraten, dass die Verankerung der deutschen Bankenaufsicht in der Bundesbank auf Grund ihrer bankpraktischen Erfahrung und regionalen Präsenz für ein Höchstmaß an Marktnähe bankaufsichtlicher Entscheidungen bürgt.

Ich begrüße auch ausdrücklich, dass – entgegen den ersten Überlegungen vom Frühjahr 2001 – die dezentrale Struktur der Bankenaufsicht gegenüber dem Status quo durch das Gesetz deutlich gefestigt werden soll. Hierzu gehört insbesondere, dass die laufende Überwachung aller Kredit- und Finanzdienstleistungsinstitute in der Regel von den Hauptverwaltungen der Bundesbank, d. h. den Landeszentralbanken, durchgeführt wird. Dies beinhaltet einerseits die Auswertung sämtlicher von den Banken eingereichten Unterlagen einschließlich der Berichte über die Prüfung des Jahresabschlusses. Andererseits werden unsere Mitarbeiterinnen und

Mitarbeiter mit der Durchführung und Auswertung der bankgeschäftlichen Prüfungen sowie der Bewertung der dabei getroffenen Feststellungen betraut. Dieses Aufgabengebiet umfasst in einem späteren Stadium auch das bankaufsichtliche Überprüfungsverfahren, wenn die gegenwärtig in Basel diskutierten Ansätze in deutsches Recht umgesetzt sind. Außerdem hat die Bundesanstalt bei ihren aufsichtsrechtlichen Maßnahmen – hierzu zählen in erster Linie die hoheitlichen Verwaltungsakte – die von den Landeszentralbanken getroffenen Prüfungsfeststellungen und Bewertungen zu Grunde zu legen. Im Ergebnis werden wir damit auch weiterhin das Gros der materiellen Aufsicht schultern.

Last, but not least bleiben wir, die Landeszentralbanken, in allen Fragen der Finanzmarktaufsicht erster Ansprechpartner der Kreditinstitute vor Ort.

Sehr wichtig ist, dass der Gesetzentwurf der Bundesregierung anerkennt, welchen Stellenwert eine dezentrale Ausgestaltung der Bankenaufsicht für das neue Aufsichtskonzepts nach „Basel II" besitzt. Gerade das in der zweiten Säule niedergelegte bankaufsichtliche Überprüfungsverfahren erfordert eine Aufsicht vor Ort, und zwar in den Kreditinstituten selbst.

Durch die Einsichtnahme vor Ort muss sich die Aufsicht einen eigenen Überblick über die Geschäfte und Risikosituation eines Instituts verschaffen. Informationen aus dritter Hand reichen künftig nicht mehr aus. Die Beteiligung der Landeszentralbanken gewährleistet hierbei das zeitnahe und umfassende Erkennen möglicher Risiken bei den Instituten. Sie ist damit unabdingbare Voraussetzung für die Hinwendung zu einer qualitativen Bankenaufsicht, die den individuellen Verhältnissen in den beaufsichtigten Instituten angemessen Rechnung tragen kann. Die Bankenaufseher in der Fläche kennen die in ihrem Bezirk ansässigen Banken, deren Management und das regionale wirtschaftliche Umfeld. Damit verfügen wir heute schon weitgehend über das für diese Aufsicht erforderliche Know How. Auch die in den Landeszentralbanken bereits vorhandenen personellen Ressourcen können wir kurzfristig in erforderlichem Umfang ausbauen.

Eine dezentrale Bankenaufsicht unter dem Dach der Bundesbank kann auch die einheitliche Umsetzung eines SRP gewährleisten, der den Bankaufsichtsbehörden weite Ermessensspielräume zumisst. Denn einheitliche Vorgaben und dezentrale Umsetzung widersprechen sich nicht! Eine solche Konstellation ist auch im Kreditgewerbe häufig anzutreffen. Sie ist Grundlage für eine effiziente Gestaltung der Prozessabläufe und erleichtert die Kommunikation. Da die Bundesbank mit ihren Hauptverwaltungen und dem Zweiganstaltennetz über einen regionalen Unterbau verfügt, passt sie wie maßgeschneidert auf die regional gefächerte Struktur des Bankensystems in Deutschland. Sie verspricht somit einen besonderen Vorteil für eine risikoorientierte Aufsicht vor Ort.

Eine wichtige Rolle spielt auch, dass „Basel II" in erster Linie für die Global Player konzipiert wurde. Bei der Umsetzung – und das gilt insbesondere für den aufsichtlichen Überwachungsprozess – gilt es daher, insbesondere die Belange der vielen kleineren regional agierenden Institute zu berücksichtigen, die nicht mit den global agierenden Konkurrenten „über einen Kamm geschoren" werden dürfen. Das deutsche Bankwesen besteht eben nicht nur aus den wenigen Großbanken, sondern aus über 2.700 Kreditinstituten in der Fläche, davon rund 500 in Nordrhein-Westfalen. Eine zentralisierte Aufsicht könnte leicht in den Einfluss der „global player" gelangen, zu Lasten der Interessen der regional ausgerichteten Banken und Sparkassen.

Und dass im Übrigen Probleme vor Ort schneller und flexibler gelöst werden können als durch eine ferne Zentrale, gilt nicht nur für Unternehmen, sondern auch für Verwaltungen. Die Aufsicht soll dem Beaufsichtigten „auf die Finger schauen" können. Dazu ist räumliche Nähe erforderlich. Damit ist die dezentrale Struktur der Bundesbank die bestmögliche Ausgangsposition für einen erfolgreichen bankaufsichtlichen Überprüfungsprozess im Sinne des Baseler Akkords.

Resümierend lässt sich feststellen:

„Basel II" stellt nicht nur die Kreditinstitute, sondern auch die Aufsichtsbehörden vor eine riesige Herausforderung. Der Paradigmenwechsel im Aufsichtskonzept verlangt von uns allen ein Umdenken und Höchstleistungen. Wir, die Landeszentralbank in Nordrhein-Westfalen, wie auch alle anderen an der Bankenaufsicht Beteiligten, sind uns der mit der Bewältigung der künftigen Aufgaben verbundenen Verantwortung für die Stabilität des Finanzplatzes Deutschland sehr bewusst. Wir nehmen diese Herausforderung gerne an und sind dabei an einem regen Meinungsaustausch mit Ihnen, den Kreditinstituten, den Wissenschaftlern und Unternehmen sehr interessiert. Ich möchte Sie ermuntern, von diesem Angebot intensiv Gebrauch zu machen. Bei der Vorbereitung auf „Basel II" können wir alle voneinander profitieren.

Banken im Wettbewerb – Wer profitiert vom neuen Aufsichtsrecht?

PROF. DR. RAINER ELSCHEN

Leiter Lehrstuhl für Finanzwirtschaft & Banken
Universität Essen

„If you owe your bank a hundred pounds, you have a problem; but if you owe your bank a million, it has." Als John Maynard Keynes diese Aussage machte, ahnte er wohl noch nicht, wie seine Aussage von der geplanten Neuregelung der für Banken gültigen Eigenkapitalunterlegungsvorschriften durch das zweite Baseler Konsultationspapier gerade bei der Vergabe von Großkrediten bestätigt wird. Aber auch heute kann man allenfalls ahnen, welche Probleme die Vergabe solcher Kredite und die Steuerung der Bank unter Risikoaspekten nach den Vorstellungen des Baseler Ausschusses ab dem Jahre 2005 bereiten wird. Denn Erfahrungen mit früheren Neuregelungen, etwa dem Bilanzrichtlinie-Gesetz, zeigen, dass auch in letzter Minute noch vieles anders kommen kann, als es schon Jahre zuvor diskutiert wurde.[1] Mancher mag in diesem Zusammenhang aufgrund der Erfahrungen der Vergangenheit vielleicht auch zweifeln, ob der für 2005 ins Auge gefasste Umsetzungstermin gehalten werden kann.

Warum sich also heute bereits mit Basel II befassen? Die Antwort ist einfach: Aktivitäten, welche die Baseler Regulierung voraussichtlich von den Banken fordern wird, verlangen schon heute proaktives Handeln. Manchmal eigentlich schon gestern. Denn von den Banken, die ab 2005 mit dem für sie zumeist vorteilhaften fortgeschrittenen internen Rating arbeiten wollen, werden in Umfang und Qualität Basel-II-konforme Datenbestände über Verlustquoten im Insolvenzfall gefordert, die bis 1998 zurückreichen. Aktivitäten bzgl. der Neu-Positionierung der Banken in Richtung auf die zu erwartenden Regelungen erscheinen deshalb schon fast verspätet. Das gilt erst recht, wenn es darum geht, sich für die erwarteten Wettbewerbswirkungen strategisch zu positionieren oder gar auf die Gestaltung der künftigen Regulierungsvorschriften noch Einfluss zu nehmen.

I. Problemstellung

Folgt man dem ehemaligen Präsidenten der Deutschen Bundesbank und jetzigen Präsidenten des European Centers for Financial Services in Duisburg, Herrn Prof. Dr. h.c. mult. Hans Tietmeyer, dann sollten die Baseler Konsultationen ursprünglich nur eine Ergänzung der nationalen Bankenregulierung allein für international tätige Banken sein. Ziel war, die internationalen Wettbewerbsbedingungen zu vereinheitlichen.[2] Dieses Ziel wirkt heute verschwommener. Zumindest für eine geraume Zeit sah es nämlich nach sogar einem vollständigen Ersatz der gesamten nationalen Bankenregulierung aus statt nach einer Ergänzung nur für international tätige Großbanken. Welche Reichweite Basel II letztlich auch haben wird:[3]

---

[1] Vor dem Inkrafttreten des Bilanzrichtlinie-Gesetzes gab es bereits zahlreiche Seminare, die auf Referenten-Entwürfen aufbauten. Viele der dort diskutierten Fragen waren bei Einführung des Gesetzes schlicht obsolet, weil der endgültige Gesetzestext sich wesentlich davon unterschied.
[2] *Tietmeyer, H. (2001).*
[3] Vgl. *Basel Committee on Banking Supervision (2001)*, S. 1-5.

Gravierende Änderungen gegenüber der gegenwärtigen bankaufsichtsrechtlichen Situation sind zu erwarten.

Soweit Änderungen von Regulierungsvorschriften finanzielle und nicht-finanzielle Handlungsspielräume einengen, verursachen sie entweder individuelle Kosten oder sie beschränken die Möglichkeit, Erträge zu erwirtschaften. Umgekehrtes gilt, wenn Regulierungsänderungen Handlungsspielräume erweitern. Da solche Regulierungen genau wie Steuern und Subventionen hoheitliche Eingriffe sind, kann man hier zumindest im weitesten Sinne von steuer- oder subventionsähnlichen Wirkungen sprechen[1]. Da im marktwirtschaftlichen Wettbewerb die relativen Preise über die Allokation der Ressourcen entscheiden, haben Regulierungsänderungen nur dann eine Wettbewerbswirkung, wenn sie die Handlungsspielräume der Marktakteure gegenüber dem Status quo relativ verändern.

Genau eine solche Veränderung relativer Handlungsspielräume wird auch von Basel II erwartet. Dabei stehen vor allem die Perspektiven der Länder, Banken und Unternehmungen im Vordergrund. Unter allen drei Wettbewerbsperspektiven erwartet man in der Wirtschaft Einflüsse von Basel II,[2] oder man gibt dies zumindest vor, um den noch ungewissen Ausgang der Konsultationen möglicherweise noch zu den eigenen Gunsten zu beeinflussen.

Wer aber würde beim gegenwärtigen Stand der Konsultationen profitieren? Wer verlieren? Dieser Frage geht dieser Beitrag mit Schwerpunkt auf der Bankenperspektive in drei Schritten nach. Im ersten Schritt wird die Eigenkapitalunterlegung nach Basel II als Teil der Gesamtkonzeption vorgestellt, im zweiten Schritt werden Risiken und ihre Berücksichtigung durch die Vorschläge des Baseler Ausschusses dargestellt und kritisch gewürdigt, ehe im dritten Schritt die wettbewerblichen Einflüsse dargestellt und potentielle Gewinner und Verlierer identifiziert werden.

II. Die neuen Baseler Konsultationspapiere

1. Die drei Säulen von Basel II

Die Konzeption der neuen Baseler Eigenkapitalvereinbarung ruht auf den folgenden drei Säulen: 1. Mindesteigenkapitalanforderungen (Minimum Capital Requirements), 2. Bankaufsichtsrechtliches Überprüfungsverfahren (Supervisory Review Process) und 3. Erweiterte Publizitätsanforderungen an die Banken (Market Discipline).

Die erste Säule beinhaltet dabei vor allem eine differenziertere Kreditrisikoerfassung durch interne und externe Ratings sowie die Erfassung von Marktrisiken und operationellen Risiken.

---

[1] Vgl. für eine genauere Analyse steuerähnlicher Wirkungen von Regulierungen *Elschen, R. (1996)*, S. 470-473.
[2] Vgl. *Heinke, E. (2001)*, S. 174-178.

Die zweite Säule bezieht sich auf eine verbesserte Risikoüberwachung durch laufende Vor-Ort-Prüfung der Kapitaladäquanz durch die Aufsichtsbehörden. Prüfungen sollen sowohl ergebnisbezogen erfolgen im Hinblick auf die Mindesthöhe der Eigenkapitalausstattung als auch prozessbezogen, soweit es um die Beurteilung der Eignung von Verfahren zur Messung und Steuerung der Eigenkapitalausstattung geht.

Eine Erweiterung der an Banken gestellten Publizitätsanforderungen, insbesondere bezüglich Risikostatus und Kapitaladäquanz kennzeichnet die dritte Säule. Obwohl nicht auszuschließen ist, dass von den Prüfverfahren und Publizitätsanforderungen regressive Wirkungen ausgehen, welche die kleineren Institute im Wettbewerb relativ stärker belasten als die großen Institute[1], werden diese Fragen hier nicht näher betrachtet. Die folgenden Ausführungen fokussieren allein auf die erste Säule und damit auf die Wettbewerbswirkungen der veränderten Mindesteigenkapitalanforderungen.

Um eine Gesamtbeurteilung des gesamten Regulierungspaketes kommt man dennoch nicht herum. Selbst eine deutliche Vergünstigung für die Kreditinstitute bei der Eigenkapitalunterlegung von Unternehmungskrediten müsste nicht zwingend als free lunch anzusehen sein, wenn die verringerte Eigenkapitalunterlegung mit erhöhten Publizitätspflichten, einer verschärften Kontrolle durch die Bankenaufsicht und nicht zuletzt auch erhöhten Kosten im Rahmen der Systementwicklung und -pflege im Risikomanagement der Gesamtbank bezahlt wird. Kostenträchtige Auditing- und Controlling-Verfahren können die Vorteile einer reduzierten Eigenkapitalvorhaltung für die vergebenen Kredite auch überkompensieren.

2. Eigenkapitalunterlegung vor und nach Basel II

Nach den neuen Konsultationsvorschlägen aus Basel werden die bislang mit Eigenkapital zu unterlegenden Kredit- und Marktrisiken[2] um die operationellen Risiken erweitert. Solche „operationelle Risiken" beinhalten insbesondere die Verlustgefahr durch fehlerhafte interne Kontrollsysteme (z. B. Computerfehler, ungenügende Dokumentation von Geschäftsvorfällen oder Betrug) und Risiken aus externen Ereignissen jenseits der Markt- oder Kreditbeziehungen; also beispielsweise auch Risiken aus terroristischen Anschlägen. Die zusätzliche Unterlegung operationeller Risiken mit Eigenkapital müsste folglich zu erhöhten Anforderungen an die Eigenkapitalausstattung der Banken führen.

Der Baseler Ausschuss hat jedoch wiederholt betont, dass die Kapitalanforderung im Durchschnitt weder fallen noch steigen soll. In der Konsequenz bedeutet dies jedoch, dass die Mindesteigenkapitalanforderungen an die Kreditinstitute gemessen am Quotienten aus

---

[1] Vgl. dazu *Elschen, R. (1996)*, S. 462-464. Dort wird aufgezeigt, dass die von Unternehmungen ohne Entgelt erbrachten Leistungen im Rahmen von Regulierungsmaßnahmen in aller Regel regressiv wirken. Die ständig wachsende Belastung durch solche „Frondienste" beträgt für kleine Unternehmungen pro Kopf der Mitarbeiter ein Mehrfaches des bei Großunternehmungen beobachteten Aufwands. Das dürfte bei Kreditinstituten nicht wesentlich anders sein.

[2] Vgl. *Hölscher, R. (1998)*, S. 747-752.

Eigenkapital und risikogewichteten Aktiva der Bank weiterhin 8 % betragen wird. Die Höhe der Eigenkapitalunterlegung ergibt sich aus der Summe der risikogewichteten Aktiva für die Kreditrisiken sowie dem 12,5-fachen der Eigenkapitalanforderung für die Marktrisiken und die operationellen Risiken. Die Absicht des Baseler Ausschusses, die durchschnittliche Eigenkapitalanforderung trotz erstmaligen expliziten Einbezugs operationeller Risiken in die Eigenkapitalunterlegungsvorschriften konstant zu halten, kann folglich nur durch eine Umschichtung bzw. Reduktion der vorzuhaltenden Eigenkapitalanteile für Kredit- und/oder Marktrisiken erreicht werden. Diesen Zusammenhang veranschaulicht Abbildung 1.

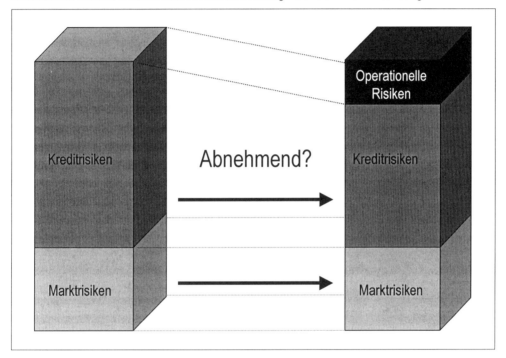

Abbildung 1: Geplante Eigenkapitalunterlegung vor und nach Basel II

Bleibt die Unterlegung des Marktrisikos konstant, so müsste aus den Vorschlägen von Basel II eine um circa 20 % niedrigere Eigenkapitalunterlegung von Kreditrisiken resultieren, weil davon ausgegangen wird, dass etwa 20 % für die operationellen Risiken zu reservieren sind. Dies kann für den Durchschnitt der Banken über ein verbessertes System der Risikoanalyse und Risikodifferenzierung insbesondere im Firmenkundengeschäft begründet werden. Da die in Kauf genommenen Kreditrisiken aber von der Kreditklientel der einzelnen Bank abhängen, kann diese Ersparnis bei der Eigenkapitalunterlegung kaum gleichmäßig von allen Banken erzielt werden; selbst wenn diese Prognose für den Durchschnitt zutreffend wäre.

Damit aber ergeben sich für die unterschiedlichen Kreditinstitute Verschiebungen in der relativen Eigenkapitalunterlegung und folglich Differenzen bezüglich des bei vergleichbarer Eigenkapitalausstattung jeweils maximal möglichen Kreditvolumens. Ob sich die davon ausgelöste Tendenz zu guten Bonitäten auch ergebnismäßig positiv bemerkbar macht, kann allerdings durchaus bezweifelt werden. Der Wettbewerb um gute Bonitäten kann gerade dort zu einen Konditionenverfall führen. Auf einem (annähernd) vollkommenen Markt würden sich die Zinskonditionen für die unterschiedlichen Bonitäten dauerhaft so einpendeln, dass durch eine Firmenklientel mit guten Bonitäten kein Vorteil errungen werden kann. Verschärfter Wettbewerb um gute Bonitäten und kurzfristige Überreaktionen in diese Richtung könnten dort sogar den Konditionenverfall bei guten Bonitäten über das angemessene Maß hinaus beschleunigen und die damit für die Eigenkapitalunterlegung verbundenen Vorteile überkompensieren.

III. Quantifizierung und Gewichtung von Risiken nach Basel II

1. Ansätze zur Erfassung der operationellen Risiken

Zur Erfassung der operationellen Risiken kann nach dem derzeitigen Stand der Diskussion zwischen vier Ansätzen gewählt werden.[1] Diese sind der Basisindikatoransatz, der Standardansatz sowie der interne Bemessungsansatz und der Verlustverteilungsansatz.

Beim *Basisindikatoransatz* wählt die Aufsichtsbehörde zunächst aus einer Reihe möglicher Indikatoren oder Bezugsgrößen für das operationelle Risiko einen einzelnen Indikator (z. B. Bruttoerträge eines Kreditinstituts) aus. Ein fixer, aber pauschaler Prozentsatz dieses Basisindikators, als Alpha-Faktor bezeichnet, spiegelt dabei auf der Basis von Vergangenheitserfahrungen das operationelle Risiko wider. Das operationelle Risiko ist demnach gleich dem Produkt dieses einzelnen gesamtbankbezogenen Basisindikators und des Alpha-Faktors. Das so ermittelte operationelle Risiko ist mit Eigenkapital in gleicher Höhe zu besichern.

Der *Standardansatz* erweitert den Basisindikatoransatz durch die Differenzierung der Banktätigkeit nach Geschäftsbereichen und Geschäftsfeldern, wie z. B. Investment Banking und Privatkundengeschäft. Dieser Untergliederung entsprechend werden Einzelindikatoren vorgegeben, die dann mit den spezifischen Risikofaktoren der einzelnen Geschäftsbereiche oder Geschäftsfelder gewichtet werden (sog. Beta-Faktoren). Die Summe der Produkte aus geschäftsbereichs- oder geschäftsfeldspezifischen Beta–Faktoren und jeweils vorgegebenen Einzelindikatoren über alle Geschäftsfelder oder Geschäftsbereiche des gesamten Instituts ergibt den Betrag des eigenkapitalunterlegungspflichtigen operationellen Risikos.

Beim *internen Bemessungsansatz* werden aufbauend auf dem Gliederungsschema des Standardansatzes weitere Differenzierungen vorgenommen. Hierbei werden zusätzlich ver-

---
[1] Vgl. *Fischer, Th. R. (2001)*, S. 662.

schiedene Risikotypen des operationellen Risikos unterschieden. Für alle Kombinationen der Risikotypen mit den Geschäftsfeldern gibt die Aufsicht einen Gefährdungsindikator und einen sogenannten Gamma-Faktor vor.

Zusätzlich werden die externen Rahmendaten durch interne Parameter verfeinert. Auf internen Verlustdaten basierend wird die Wahrscheinlichkeit eines Schadensanfalls und der mit dem Schadensanfall entstehende Verlust ermittelt.

Die erforderliche Eigenkapitalunterlegung der Geschäftsfeld-Risikotyp-Kombinationen ergibt sich aus der Summation der Produkte von Gefährdungsindikator, Gamma-Faktor, Wahrscheinlichkeit eines Schadensfalls und dem entstehenden Verlust im Schadensfall. Die Anwendung dieses weitergehenden Ansatzes stellt höhere Anforderungen an die Bank und ist an deutlich strengere aufsichtsrechtliche Voraussetzungen geknüpft.[1]

Als eine alternative Vorgehensweise wird zur Zeit der so genannte Verlustverteilungsansatz diskutiert. Hierbei könnten die Banken ihre eigene Verlustverteilung, ihre eigenen Geschäftsfelder und Risikotypen spezifizieren. Der Verlustverteilungsansatz, der komplexeste Ansatz aus der Sicht der einzelnen Bank, sollte nach dem Zentralen Kreditausschuss nicht nur als Fernziel betrachtet werden, sondern „den anderen Ansätzen als erreichbare Option zur Seite gestellt werden".[2] Mit zunehmender Komplexität der Ansätze steigen allerdings auch stets die Anforderungen für die Zulassung des Verfahrens.

Die Vorteile liegen dann bei der Bank, die solche Verfahren anwendet, wenn der für die Verfahrensentwicklung und -einrichtung notwendige zusätzliche Aufwand die Kostenersparnis durch eine gezieltere und insgesamt geringere Eigenkapitalunterlegung nicht überkompensiert. Hinzu kommt als wichtiger Zusatznutzen, dass sich über ein verbessertes Verfahren der Risikomessung auch die Risikoallokation günstig beeinflussen lässt, so dass ein insgesamt leistungsfähigeres Risiko-Controlling- und Risikosteuerungssystem entsteht, das gezieltere risikostrategische Aktivitäten der Kreditinstitute ermöglicht.

Da mit der Verfahrensentwicklung und -einrichtung erhebliche fixe Kosten verbunden sind, dürfte sich eine entsprechende Implementierung für größere Institute eher lohnen als für kleinere. Somit entstehen hier ebenfalls regressive Wirkungen: Die kleineren Institute sind relativ stärker belastet, wenn sie gleichermaßen verfeinerte Risikomess- und -steuerungsmethoden verwenden als größere Institute.[3]

Sollte die verfeinerte Quantifizierung der operationellen Risiken durch verringerte Eigenkapitalunterlegung und der strategische Vorteil eines verbesserten Risikomanagements so vorteil-

---

[1] Vgl. *Basel Committee on Banking Supervision (2001)*, S. 97f.
[2] *Zentraler Kreditausschuss (2001)*, S. 125.
[3] Vgl. *o.V. (2001b)*.

haft sein, dass die Kosten der Entwicklung und Einführung des verbesserten Systems überkompensiert werden, so entsteht ein Wettbewerbsvorteil für größere Kreditinstitute. Kleineren Kreditinstituten wird der hohe Fixkostenanteil verbesserter Risikomanagementsysteme dagegen die einfachen Ansätze (Basisansatz, Standardansatz) als relativ vorteilhaft erscheinen lassen. Diese Vorteilhaftigkeit geht allerdings mit Wettbewerbsnachteilen aus einer schlechteren Kreditrisikosteuerung einher. Man muss daher kein Prophet sein, um hieraus auf eine verstärkte Tendenz zur Konzentration der Kreditinstitute zu schließen.

2. Ansätze zur Erfassung der Kreditrisiken

2.1 Modifizierter Standardansatz

Der modifizierte Standardansatz stellt eine Erweiterung der Eigenkapitalvereinbarung von 1988 dar.[1] Veränderungen gegenüber Basel I liegen dabei vornehmlich in der Art der Bestimmung der Risikogewichte. Die Risikogewichte sind nun nicht mehr pauschal festgelegt, sondern können in Abhängigkeit von Ratingergebnissen in vorgegebenen Bandbreiten variieren. Die zur Ermittlung der Eigenkapitalunterlegung anzusetzenden risikogewichteten Aktiva ergeben sich aus der Multiplikation von Kreditbetrag und Risikogewicht, wobei 100% weiterhin einer 8%-igen Unterlegung mit Eigenkapital entspricht.[2]

Im Rahmen des Standardansatzes sollen für die Festlegung dieser Risikogewichte vor allem die Aussagen externer Bonitätsbeurteilungsinstitute bzw. Rating-Agenturen herangezogen werden.

In Abhängigkeit von durch die externen Bonitätsbeurteilungsinstitute vergebenen Bonitätsurteilen werden Risikoklassen gebildet, innerhalb derer dem Ausfallrisiko eines Aktivums ein Risikogewichtungsfaktor zugeordnet wird (vgl. Abbildung 2). Die Bildung der Risikoklassen wird dabei im Wesentlichen für die Kreditnehmergruppen Staaten, Banken und Unternehmen vorgenommen.

Die Festlegung der Risikogewichte für Forderungen gegen Staaten hängt in der beabsichtigten Neufassung der EK-Unterlegungsvorschrift nicht mehr von der Zugehörigkeit zur OECD ab. Vielmehr ist allein das Rating des Landes ausschlaggebend. Dabei darf die Staatenklassifizierung nach Genehmigung durch die entsprechende nationale Bankenaufsichtsinstanz auch durch Exportkreditagenturen erfolgen, um die Anzahl der erfassten Staaten zu erhöhen.[3]

---

[1] Vgl. *Basel Committee on Banking Supervision (1998)*.
[2] Vgl. *Basel Committee on Banking Supervision (2001)*, S. 6.
[3] Vgl. zum positiv bewerteten Verzicht auf das Kriterium "OECD-Zugehörigkeit", aber auch den mit den künftigen Länder-Ratings verbundenen Gefahren am Beispiel der Asienkrise 1997 *Angermüller, N. O. (2001)*, S. 688-695.

Bei der Beurteilung von Forderungen an Banken stehen zwei verschiedene Optionen zur Verfügung:[1]

Bei Option 1 erhalten Banken grundsätzlich ein um eine Klassifizierungsstufe höheres Risikogewicht als das des Staates, in dem die Bank ihren Sitz hat (Abbildung 2, Option 1). Bei diesem pauschalierenden Ansatz dürfte allerdings die Zielsetzung des Baseler Ausschusses einer genaueren Risikomessung nicht erreicht werden.

Option 2 fußt dagegen unmittelbar auf einer spezifischen externen Bonitätsbeurteilung der Bank durch eine von der jeweiligen Landesaufsichtsbehörde zugelassenen Agentur und sieht für kurzfristige Forderungen mit einer Ursprungslaufzeit von maximal drei Monaten zusätzliche Senkungen des Risikogewichts vor (Abbildung 2; Option 2).

Eine Ausnahme bilden in diesem Kontext multilaterale Entwicklungsbanken. Diese sollen in einer separaten Positivliste aufgeführt werden und erhalten danach eine 0 %-Gewichtung für sämtliche Entwicklungsprojekte und sind somit bei der EK-Unterlegung von Kreditrisiken nicht zu berücksichtigen.

Die Risikogewichte für die an Unternehmen vergebenen Kredite sind in der zweiten Konsultationsphase durch Einführung eines Risikogewichts von 50 % weiter verfeinert worden. Auffällig ist die Risikogewichtung nicht-geratete Unternehmen mit 100 %. Dadurch besteht ein besonderer Anreiz, auf ein externes Rating zu verzichten, sofern ein Rating unterhalb von BB- erwartet wird. Ein solches Rating würde die Banken zu einer Eigenkapitalunterlegung von 150 % x 8 % = 12 % verpflichten. Für die Unternehmungen bedeutet dies im Ergebnis eine Verschlechterung ihrer Kreditkonditionen.[2]

Letztlich folgt daraus, dass Banken mit gerateten Unternehmungen nur dann zu einer niedrigeren Eigenkapitalunterlegung als bisher kommen, wenn das Rating besser ist als A-. Ein derart gutes Rating dürften aber die allermeisten mittelständischen Unternehmungen nicht erzielen können. Bei Banken mit einer vornehmlich mittelständischen Kreditnehmerschaft dürften sich daher trotz der im Durchschnitt gegebenen Verringerung der Eigenkapitalunterlegung im Ergebnis keine Veränderungen gegenüber der bisherigen Unterlegung ergeben. Denn entweder bleibt ihre Klientel ungeratet oder sie liegt im Rating schlechter als A-. Zweifelsohne profitieren daher solche Banken nicht von einer Verringerung der Eigenkapitalunterlegung für eine Klientel, die nicht die ihre ist.

Folglich kann für Banken, die hauptsächlich Kredite an klein- und mittelständische Unternehmen vergeben, zumindest bei Verwendung des Standardansatzes, auch nicht behauptet

---

[1] Die jeweilige nationale bankaufsichtsrechtliche Instanz wählt eine der Optionen aus, die damit für ihren gesamten Zuständigkeitsbereich Gültigkeit hat, vgl. *Wilkens, M., Entrop, O., Völker, J. (2001a)*, S. 188.
[2] Vgl. *Linnell, I. (2001)*, S. 187-192.

werden, dass die Gesamtunterlegung mit Eigenkapital trotz der Hinzunahme operationeller Risiken konstant bleibt. Vielmehr wird hier bei konstanter Unterlegung der Kreditrisiken die Eigenkapitalunterlegung für die operationellen Risiken draufgesattelt und führt damit zu einer zusätzlichen Belastung dieser Institute. Ob dies freilich die Lage der Institute mit der besser gerateten Klientel relativ verbessert, mag durchaus fraglich erscheinen. Denn diese könnten ihr gutes Rating auch verstärkt für verbriefte Finanzierungen außerhalb des Bankensektors einsetzen und damit die Disintermediation verstärken.

	Sovereign Rating	AAA->AA-	A+->A-	BBB+->BBB-	BB+->B-	unter B-	ohne Rating
	ECA-Länderkennziffer	1	2	3	4->6	7	
	Staatsregierungen und Zentralbanken	0 %	20 %	50 %	100 %	150 %	100 %
	Bank Rating	AAA->AA-	A+->A-	BBB+->BBB-	BB+->B-	unter B-	ohne Rating
Banken	Option 1	20 %	50 %	100 %	100 %	150 %	100 %
	Option 2	20 %	50 %	50 %	100 %	150 %	50 %
	Option 2 kurzfristige Forderungen	20 %	20 %	20 %	50 %	150 %	20 %
	Corporate Rating	AAA->AA-	A+->A-	BBB+->BB-		unter BB-	ohne Rating
	Unternehmen	20 %	50 %	100 %		150 %	100 %

Abbildung 2: Risikogewichte beim Standardansatz

2.2 IRB-Ansätze

Von den Vorschriften zur Eigenkapitalunterlegung auf Basis des Standardansatzes unterscheiden sich die Ansätze, die auf internen Ratings aufbauen: Internal Ratings Based Approaches bzw. IRB-Ansätze. Diese sind seit Januar 2001 gerade durch deutsche Kritik am ersten Konsultationspapier ausdrücklich für alle Banken zugelassen. Bei Verwendung eines IRB-Ansatzes sind die Aktiva des Anlagebuches von den Banken in die Kategorien Staaten, Banken, Unternehmen, Privatkunden, Projektfinanzierungen und Anteile an Unternehmen zu unterscheiden.

Im Folgenden sollen vor allem die beiden letztgenannten Bereiche unberücksichtigt bleiben, da hier noch erheblicher Konkretisierungsbedarf von Seiten des Baseler Ausschusses besteht.

Grundsätzlich ergibt sich die Unterlegungspflicht für jede Kategorie aus verschiedenen Risikokomponenten, einer stetigen Risikogewichtungsfunktion und den daraus resultierenden Risikogewichten. Dabei ist die Risikogewichtungsfunktion von den Parametern Ausfallwahrscheinlichkeit des Aktivums (Probability of Default, PD), Verlust bei Ausfall (Loss given Default, LGD) und der Restlaufzeit der Forderungen (Maturity, M) abhängig. Sie liefert die einzelnen Risikogewichte.[1] Die Risikogewichte werden durch Multiplikation mit der zum Zeitpunkt des Ausfalls ausstehenden Forderung des Aktivums (Exposure at Default, EAD) in die risikogewichteten Aktiva überführt. Sind die risikogewichteten Aktiva errechnet worden, so werden sie nach den bisherigen Diskussionsvorschlägen des zweiten Konsultationspapiers mit Ausnahme des Privatkundenbereichs um einen positiven oder negativen Granularitätsanpassungsbetrag erhöht bzw. verringert, um ausfallrisikoerhöhenden bzw. -vermindernden Portfolio-Effekten Rechnung zu tragen.[2]

Beabsichtigt eine Bank ein internes Ratingverfahren zu nutzen, so stehen ihr verschiedene Möglichkeiten zu Verfügung. Diese unterscheiden sich durch unterschiedliche Anforderungen an das interne Rating der Banken und die dabei notwendigen Schätzungen der Risiko-Parameter. Diese Schätzungen müssen in Bezug auf Datensätze und Schätzverfahren den Mindestanforderungen der Aufsichtsbehörden genügen.

Der IRB-Ansatz existiert in zwei alternativen Ausprägungen: als **Basisansatz (Foundation Approach)** und als **fortgeschrittener Ansatz (Advanced Approach)**. Die Unterschiede liegen in den für die Anwendung zu erfüllenden formalen Vorschriften einerseits, in der Bestimmungsweise der erforderlichen Parameter PD, LGD, M und EAD für die Ermittlung der Summe der risikogewichteten Aktiva einer Klasse andererseits.

Im Basisansatz schätzt das Kreditinstitut lediglich die Ausfallwahrscheinlichkeit PD, alle weiteren Parameter werden extern vorgegeben. Dabei setzt der Baseler Ausschuss nach aktuellem Stand der Diskussion einen Wert von 100 % für die EAD und eine pauschale Restlaufzeit (M) von drei Jahren fest. Die Werte für LGD belaufen sich auf 50 % für unbesicherte Kredite bzw. 75 % für unbesicherte nachrangige Kredite.[3]

Beim fortgeschrittenen Ansatz verpflichten sich die Banken dagegen, *sämtliche* Risikokomponenten durch interne Schätzungen zu bestimmen, wobei die Schätzungen konservativ und langfristig orientiert sein und einer Reihe von statistischen Kriterien genügen müssen. Zur Bestimmung der Laufzeit (M) werden zur Zeit noch unterschiedliche Varianten diskutiert.

Da beide IRB-Ansätze, vor allem aber der fortgeschrittene Ansatz, von den Banken höheren organisatorischen und damit auch finanziellen Aufwand verlangen als der Standardansatz,

---

[1] Vgl. *Basel Committee on Banking Supervision (2001)*, S. 35.
[2] Vgl. *Wilkens, M., Baule, R., Entrop, O. (2001b)*, S. 670-676.
[3] Vgl. *Basel Committee on Banking Supervision (2001)*, S. 40.

wird ihre Bereitschaft, diese Verfahren anzuwenden, besonders davon abhängen, ob und inwieweit diese Verfahren Vorteile bei der Unterlegung von Eigenkapital gegenüber dem kostengünstigeren Standardansatz erbringen. Aus Sicht des Baseler Ausschusses soll mit dem Basisansatz ein Vorteil von 3 % gegenüber dem Standardansatz erzielt werden und ein etwa 10 %-iger Vorteil bei Anwendung des fortgeschrittenen Ansatzes. Van den Brink schätzt die Vorteile viel höher ein: auf etwa 15 % allein beim Basisansatz und sogar auf bis zu 30 % beim fortgeschrittenen Ansatz[1], ganz im Gegensatz zu Rolfes, der aufgrund von „Proberechnungen" beim Basisansatz zu einer 40-60 %-igen Mehrbelastung und beim fortgeschrittenen Ansatz zu einer Spanne zwischen einer 5 %-igen Mehr- und einer 10%-igen Minderbelastung kommt.[2]

Der Vergleich von Standardansatz und IRB-Ansatz bzgl. ihrer unterschiedlichen Risikogewichtung lässt sich am besten graphisch darstellen. Dabei werden die Risikogewichte zur Ausfallwahrscheinlichkeit der Aktiva (PD) in Beziehung gesetzt.[3]

---

[1] Vgl. hierzu S. 103.
[2] Vgl. hierzu S. 41.
[3] Vgl. *Linnell, I. (2001)*, S. 190.

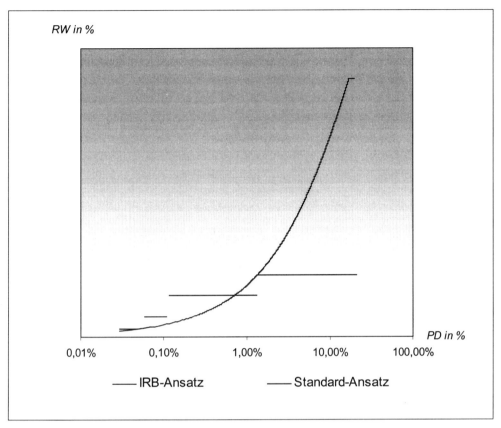

Abbildung 3: Vergleich IRB-Ansätze – Standardansatz

Aus Abbildung 3 folgt, dass der IRB-Ansatz nur für solche Banken von Vorteil ist, deren Kreditportfolio lediglich sehr geringe Risiken aufweist. Wird jedoch ein Kreditinstitut mit einem stark risikobehafteten Kredit-Portfolio betrachtet, bringt der IRB-Ansatz zum Teil sogar enorme Nachteile mit sich. Bei einer zwar nicht sehr realistischen- Ausfallwahrscheinlichkeit von mehr als 16 % resultiert daraus ein Risikogewicht von 625 %. Dies würde zu einer Eigenkapitalunterlegung von 50 % führen. Dabei ist noch davon abgesehen, dass ein solcher Kredit auch stärker an den operationellen Risiken beteiligt sein könnte als es seinem Anteil am Kreditvolumen entspricht.

Selbst bei einer Ausfallwahrscheinlichkeit, die deutlich niedriger ist als 16 %, übersteigen die Risikogewichte des IRB-Ansatzes die des Standardansatzes zumeist erheblich. Der Zusammenhang soll an der folgenden Grafik verdeutlicht werden, die das Ergebnis für die durchschnittliche Verlustwahrscheinlichkeit bei Unternehmungskrediten in Deutschland in einem vergrößerten Ausschnitt zeigt.

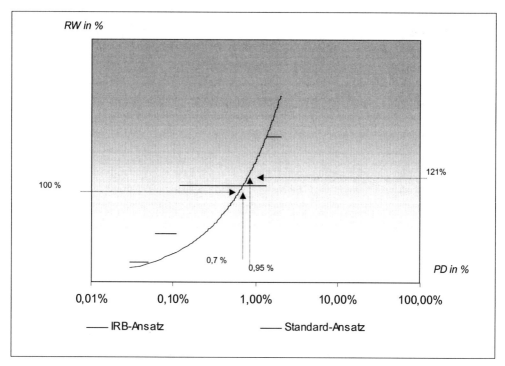

Abbildung 4: Vergleich IRB-Ansätze – Standardansatz 2[1]

Die durchschnittliche Ausfallrate für an deutsche Unternehmungen vergebene Kredite liegt derzeit bei 0,95 %. Für diesen Wert folgt aus dem IRB-Ansatz immerhin ein um 21 % höheres Risikogewicht und damit auch eine um 21 % höhere Eigenkapitalunterlegung als beim Standardansatz. Es zeigt sich entgegen den Aussagen des Baseler Ausschusses, dass beim gegenwärtigen Stand der Diskussion nur unterhalb einer durchschnittlichen Ausfallwahrscheinlichkeit von 0,7 % die zusätzliche Mühe der Anwendung der IRB-Verfahren unmittelbar belohnt wird. Der Vorteil fällt zudem noch relativ bescheiden aus. Abweichend von den Wunschvorstellungen des Baseler Ausschusses wird also eine Bank mit einem durchschnittlichen Firmenkundenportfolio in Deutschland für ihre Mühen der Einführung interner Ansätze noch bestraft, soweit es die Höhe der notwendigen Eigenkapitalunterlegung betrifft. Für Banken mit einer hauptsächlich in der mittelständischen Wirtschaft oder in den neuen Bundesländern angesiedelten Klientel dürfte das festgestellte Ergebnis noch weitaus schlechter ausfallen.[2]

Allerdings könnte ein Zusatznutzen der Verwendung interner Rating-Ansätze in einem verbesserten Kundeninformationssystem liegen, auf dessen Basis auch eine verbesserte Kundenbe-

---

[1] Quelle: Commerzbank AG 2001.
[2] Vgl. *Deutsche Bundesbank (2001)*.

ratung möglich wäre, sowie in einem verbesserten Image am Kapitalmarkt, das die Refinanzierung insbesondere auf den internationalen Kapitalmärkten erleichtern könnte. Ein weiterer Vorteil der Verwendung interner Rating-Ansätze könnte in einer gestärkten Kundenbindung bestehen. Wenn und soweit die internen Ratings durch die Banken nur in der internen Kundenbeziehung verwendet werden, müsste für jede Bankverbindung ein neues Rating desselben Kunden erstellt werden. Das aber wäre kostenträchtig und die Aufwendungen dafür müssten letztlich auf den Kunden überwälzt werden. Dies spräche vor allem bei kleineren Firmenkunden für nur eine einzige und stabile Bankverbindung, denn die Transaktionskosten bei einem Wechsel der Bankbeziehung wären dadurch deutlich erhöht.

Eine damit verbundene Verdrängung und Sinnentleerung der externen Ratings ist aber nicht unbedingt im Interesse der Bankkunden. Einerseits erschweren die erhöhten Transaktionskosten ihnen einen Wechsel des Instituts, andererseits wären die Rating-Informationen wichtig für andere Stakeholder der Unternehmungen, wie Lieferanten, Kunden oder Arbeitnehmer. Auch diese stehen in „Kredit"-Beziehungen zur Unternehmung, sei es, dass sie Lieferantenkredite geben, Kundenanzahlungen leisten oder Betriebsrenten erwarten, oder sei es auch nur, dass sie die Stabilität ihrer langfristigen Beziehungen zur Unternehmung besser einschätzen wollen. Ein externes Rating verbessert so die Markttransparenz und senkt die Transaktionsschwellen bei Markthandlungen. Wichtige Vorbedingung dafür ist allerdings die grundsätzliche Anerkennung externer Ratings durch alle Beteiligten. Diese Anerkennung ist eng mit der Reputation der Rating-Agenturen verbunden.[1]

Wird auf die Ratings der Agenturen vertraut, führt dies zudem dazu, dass die Ratings sich selbst zu bestätigen. Eine gut geratete Unternehmung erhält im Unterschied zur schlecht gerateten Unternehmung bessere Vertragskonditionen und kann die guten Prognosen für seine weitere Entwicklung damit leichter erfüllen als ein schlecht geratetes Unternehmen, dessen schlechtes Rating und die damit verbundenen schlechten Kredit-Konditionen ihm ebenfalls „erleichtern", die schlechteren Aussichten zu bestätigen. Auch dieser Effekt einer Self-Fulfilling Prophecy verbessert indirekt die Anknüpfung der Eigenkapitalunterlegung an externe Ratings. Eine vergleichbare Wirkung können „interne" Ratings nur dann entfalten, wenn sie ebenfalls öffentlich bekannt gemacht und das Vertrauen des Marktes genießen würden.

Allerdings ist auch mit Wahl des Standard-Ansatzes nicht garantiert, dass sich die Unternehmen extern raten lassen. Falls die Kreditinstitute ein solches Rating nicht erzwingen können, bleiben nur zwei Alternativen:

---

[1] Vgl. zu den Funktionen externer Ratings *Heinke, V. G., Steiner, M. (2000a)*, S. 1-8 und *Heinke, V. G., Steiner, M. (2000b)*, S. 138-150.

1. Die Inkaufnahme einer weiterhin nicht verursachungsgemäßen Preisstellung bei den Unternehmungen, die aus dem einen oder anderen Grund ungeratet bleiben. Hier könnten wie vor Basel II Engagements mit faktisch völlig unterschiedlichen Risikoprofilen mangels eines verlässlichen und aussagekräftigen Ratings zu denselben Konditionen eingegangen werden. Dies zieht ungeratete Unternehmungen mit schlechten Risiken an, weil diese zu vergleichsweise günstigen Konditionen bedient werden (Adverse Selection). Will man dies vermeiden, so bleibt nur die zweite Alternative:

2. Das fehlende externe Rating wird durch ein internes Rating ersetzt, zumal Basel II gerade für die hohen Risiken keinerlei Anreiz gibt, sich extern raten zu lassen. Durch interne Ratings können dann eine verursachungsgerechte Preisstellung gesichert und Adverse Selection-Effekte verringert werden. In diesem Sinne liegt die Anwendung der IRB-Ansätze sogar trotz höherer Kosten und der oben festgestellten „Verböserung" der Eigenkapitalunterlegung im Interesse der Banken. Eine halbherzige Übernahme von Basel II durch Anwendung des Standardansatzes erweist sich als problematisch wegen der bislang zahlreichen nicht extern gerateten Unternehmen, die auch und gerade durch die Vorschläge von Basel II nicht dazu veranlasst werden, dieses zu ändern.

Die Signalwirkung, die von der Anwendung interner Rating-Verfahren ausgehen kann, könnte zu einer breiten Nutzung des IRB-Ansatzes führen.[1] Banken, die sich für den Standardansatz entscheiden, könnte dies als Schwäche oder Unfähigkeit ausgelegt werden, eigene Ratings zu erstellen, die den Kriterien von Basel II standhalten.

Auch das Prestige der Bankenvorstände scheint hier auf dem Spiel zu stehen.[2] Fraglich ist nur, ob diese Vorteile ausreichen werden, um die Nachteile bei der Eigenkapitalunterlegung auszugleichen, die sich dabei schon für Banken mit einem bezüglich der Bonität durchschnittlichen Firmenkreditportfolio ergeben.

Da nach der derzeitigen Ausgestaltung des zweiten Baseler Konsultationspapiers die Nachteile der IRB-Verfahren in Bezug auf die notwendige Eigenkapitalunterlegung vor allem bei Banken mit einer Klientel geringerer Bonität überwiegen, liegt auch eine verfahrensabhängige Restrukturierung der Kreditportfolios nahe. Banken, die mit einem der IRB-Ansätze arbeiten, dürften an einer Übernahme ausschließlich extrem niedriger Kreditrisiken interessiert sein, während die mit dem Standardansatz arbeitenden Institute unter dem alleinigen Aspekt der Eigenkapitalunterlegung auch höhere Risiken akzeptieren könnten. Umgekehrt kommt es auch zu einer diesem Muster entsprechenden Auswahl der Bank durch die Kreditnehmer:

Kreditnehmer mit geringem Ausfallrisiko werden sich Banken zuwenden, die mit einem IRB-Ansatz arbeiten, um ihre Kreditkosten zu minimieren, wohingegen Kunden mit hohem Ausfall-

---

[1] Vgl. *Deutsche Bundesbank (2001)*.
[2] Vgl. *Loch, F., Thelen-Pischke, H. (2001)*.

risiko sich den Standardansatz nutzenden Banken zuwenden, vor allem wenn sie, wie oben bereits gezeigt, (noch) kein externes Rating besitzen. Die Rückwirkungen einer solchen Umstrukturierung der Kreditportfolios könnten nun wiederum in einer Self-Destroying Prophecy für die unterstellten Risikogewichte münden. Denn die Veränderungen in den Kreditportfolios in Richtung auf niedrigere oder höhere Risiken beeinflussen nicht nur die durchschnittliche Ausfallwahrscheinlichkeit (Probability of Default), sondern auch die risikomindernden Portfolio-Wirkungen. Da die IRB-Ansätze von historischen Datensätzen leben, hat dies eine Erosion der Reliabilität dieser Datengrundlage zur Folge. Durch die durch Verwendung des Ansatzes selbst verursachte Tendenz zu niedrigeren Risiken, wäre die historische Datengrundlage vermutlich zu konservativ. Damit würde eine mögliche Ausweitung der Geschäfte aus aufsichtrechtlicher Sicht vereitelt.

Die Gründe für die komplexeren IRB-Ansätze liegen beim derzeitigen Konsultationsstand außerhalb des Bereichs der Eigenkapitalunterlegung. Würden diese Gründe auch bei denjenigen Instituten durchschlagen, die sich andernfalls für den Standardansatz entscheiden würden, so ergäbe sich daraus nach dem jetzigen Stand der Konsultationspapiere eine generelle Weigerung der Banken, höhere Kreditrisiken in ihr Portfolio aufzunehmen. Bedenkt man dabei, dass nur Risiken unterhalb einer Ausfallwahrscheinlichkeit von 0,7 % aufgenommen würden, die mehr als 25 % unter der durchschnittlichen Ausfallwahrscheinlichkeit von 0,95 % liegen, so dürfte dieses einer generellen Kreditverweigerung an mittelständische Unternehmen in Deutschland gleichkommen.

Kleinere Banken und auch Spezialkreditinstitute könnten vor nicht unerhebliche Probleme gestellt werden. Da die Implementierung eines IRB-Ansatzes sie zu hohen fixen Aufwendungen zwingt, könnte es zu einer Verstärkung des ohnehin schon anhaltenden Trends zur Konzentration im Bankensektor kommen. Denkbar wäre allerdings, dass diese Institute von größeren Banken oder von Spezialanbietern entwickelte Systeme übernehmen und damit eigene Entwicklungen substituieren.

Allerdings muss bei großen Banken der Einsatz eines IRB-Verfahrens ebenfalls wohl bedacht sein, auch wenn der Kostenaspekt hier weniger bedeutsam ist. Besonders bei internationalen Banken, die Tochterbanken im Ausland und in Entwicklungsländern haben, kann der Verfahrenseinsatz zu erheblichen Problemen führen, da die Anwendung auf allen Konzernebenen erfolgen muss. Was von den technischen Anforderungen und dem Ausbildungsstand der Mitarbeiter in der Europäischen Union oder in den USA noch recht problemlos umgesetzt werden kann, erweist sich in manchem Entwicklungsland möglicherweise als nur schwer realisierbar.

3. Granularität

Als Granularität[1] wird die (Fein-)Körnigkeit eines (Kredit-)Portfolios bezeichnet. Dabei ist der Diversifizierungs- und damit der Risikominderungseffekt des Portfolios umso geringer je größer die Risikoklumpen in diesem Portfolio sind und je ungleichmäßiger sie verteilt sind („Klumpenrisiko").

Das Konzept der Granularität wird nach den Vorschlägen des Baseler Ausschusses bislang ebenfalls bei der Risikobeurteilung von Banken, Unternehmungen und Staaten angewandt, die Vorschläge für Projektfinanzierungen und Unternehmensanteile sind hier zur Zeit noch sehr vage. Privatkundenportfolios gelten generell als gut diversifiziert, so dass hier eine Granularitätseinschätzung bzw. -anpassung unterbleiben kann. Ansonsten wird die Feinkörnigkeit des Portfolios durch einen schon bei der Darstellung des IRB-Ansatzes erwähnten Granularitätsanpassungsbetrag berücksichtigt. Dabei wird zunächst in vier Schritten die Granularität bestimmt.[2]

Im ersten Schritt werden die unterlegungspflichtigen risikogewichteten Aktiva (Risk Weighted Assets = Risk Weight x Exposure at Default) unabhängig vom Gesamtportfolio berechnet.

Im zweiten Schritt folgt eine Clusterbildung über die Höhe des Exposures at Default und über die Ausfallwahrscheinlichkeit (PD). Die Korrelationen in den Portfolios werden dabei allerdings nicht detailliert berücksichtigt.

Im dritten Schritt, dem sogenannten Mapping, wird ein hypothetisches homogenes Portfolio gesucht, dessen Risiko das tatsächliche Risiko möglichst gut widerspiegelt.
Im letzten Schritt bestimmt man auf Basis des Musterportfolios durch das Adjustment die Granularität des eigenen Portfolios.

Im Rahmen des Granularity Adjustments Eigenkapital „einzusparen", ist allerdings faktisch kaum möglich. Selbst ein idealtypisches Portfolio würde gegenüber der unterstellten Benchmark gerade mal eine Ersparnis von 4 % bringen. Dagegen ist die Gefahr einer Verschlechterung der Eigenkapitalunterlegung durch realistische Portfolios hoch. Gerade Spezialbanken müssen zudem durch die Zusammenfassung positiv korrelierter Positionen bei der Ermittlung der Klumpenrisiken mit erheblichen Problemen rechnen. Sie müssten mit besonders ungünstigen Anpassungen rechnen.

---

[1] Vgl. *Wilkens, M., Baule, R., Entrop, O. (2001b)*, S. 670-676.
[2] Zur Bestimmung des Granularitätsanpassungsbetrags gemäß der Baseler Vorschläge s. a. http://www.gwdg.de/~ifbg/WPM/wp4e.htm.

4. Konjunkturzyklen und veränderliche Eigenkapitalunterlegung

Ein Problem hat bislang bei den Beratungen des Baseler Ausschusses bestenfalls eine untergeordnete Rolle gespielt: der Einfluss von Konjunkturschwankungen auf die Risikobeurteilung und die Höhe der notwendigen Eigenkapitalunterlegung. Bei einer konjunkturellen Abkühlung würde das zur Unterlegung vorzuhaltende Eigenkapital ansteigen müssen, wenn sich dabei externe bzw. interne Ratings der Kreditnehmer verschlechtern. Vor allem bei Spezialisierung des Kreditgeschäfts einer Bank auf eine Branche oder Region, wie etwa Schiffsbanken (spezielle Branche) oder Sparkassen (Regionalprinzip), können die Auswirkungen eines konjunkturellen Abschwungs gravierend sein und die Anforderungen zur Eigenkapitalunterlegung erheblich steigern.

Die Möglichkeiten, in konjunkturell schwierigen Phasen das Eigenkapital über Aktienemissionen jeweils anzupassen, sind typischerweise begrenzt. Bei nachfolgend positiver Konjunkturentwicklung, die dann zwar von allgemein besseren Ratings, aber nicht von einer entsprechenden Geschäftsausweitung begleitet wird, würde zudem zu viel Eigenkapital vorgehalten werden. Da konjunkturelle Entwicklungen allenfalls bedingt vorhersehbar sind, können Banken hier nur in zweierlei Weise reagieren:

1. Die Bank kalkuliert über die gesetzlichen Mindesterfordernisse hinaus einen höheren Eigenkapitalpuffer, um konjunkturellen Unsicherheiten wirkungsvoll zu begegnen. Dadurch verstärken sich die durch Basel II einsetzenden Effekte zusätzlich. Die angemessene Quantifizierung des Kapitalpolsters für solche Phasen wird eine große Herausforderung sein, vor allem wenn die Banken durch langfristige Kreditverträge gebunden sind.

2. Die Bank entscheidet sich für den fortgeschrittenen IRB-Ansatz. Allein dieser Ansatz ermöglicht eine umfangreiche Berücksichtigung von Sicherheiten jeder Art. Dazu können auch die Sicherungsgeschäfte über Kreditderivate gehören, mit denen eine flexible Feineinstellung des Risikos und damit auch der erforderlichen Eigenkapitalunterlegung möglich wäre. Nur so ließe sich auf veränderte Ratings bei konstantem und voll ausgeschöpftem Eigenkapital sehr flexibel reagieren.

Grundlage für die elegante zweite Lösung ist aber nicht nur die Verwendung des Ansatzes mit der größten Komplexität, die sicherlich den großen Kreditinstituten in hochentwickelten Staaten am leichtesten fallen dürfte. Zusätzlich bedarf es auch der raschen Entwicklung eines funktionsfähigen liquiden Marktes für Kreditderivate. Ein derartiger Markt entsteht jedoch gerade erst.[1] Zum Zeitpunkt des Inkrafttretens der Baseler Regulierungen in oder nach 2005 dürfte die Entwicklung allerdings so weit fortgeschritten sein, dass ein adäquater Markt für Kreditderivate vorhanden ist. Unter Berücksichtigung der oben beschriebenen Zusammenhänge würde mit Inkrafttreten der neuen Regulierungsvorschriften die Entwicklung eines solchen Marktes zusätzlich beschleunigt werden.

IV. Allgemeine Kritik an Basel II

Vor allem Unternehmen und Banken in **armen Ländern** werden durch Basel II weiterhin geschwächt, trotz Wegfalls der Ländercaps, wonach ein Unternehmen bzw. eine Bank kein höheres Rating als ihr Sitzstaat erreichen konnte. Insbesondere Banken dieser Länder zeichnen sich durch Kreditportfolios mit hohen Ausfallwahrscheinlichkeiten aus. Dies lässt befürchten, dass Banken ärmerer Staaten die durch Basel II implizierten Nachteile für stark risikobehaftete Engagements in höherem Ausmaß zu tragen haben als die Banken aus Industriestaaten. Eine positive Weiter-Entwicklung der Wirtschaft ärmerer Staaten ist unter solchen Voraussetzungen nur schwer zu realisieren. Banken und Unternehmen leiden dort zudem auch mehr als bisher unter teuren Refinanzierungen. Dies fördert zusätzliche Staatseingriffe und hemmt in der Konsequenz das Wirksamwerden von Marktkräften.

Aus Sicht der Entwicklungsländer werden die hochentwickelten Industriestaaten ihrer sozialen Verantwortung durch eine derartige Regulierung nicht gerecht. Ein Schritt in Richtung der Übernahme von größerer Verantwortung zeichnet sich allerdings dadurch ab, dass zumindest bestimmte Schwellen- und Entwicklungsländer gefördert werden, indem die Eigenkapitalunterlegungspflicht für Kredite an solche Staaten generell 0 % betragen soll. Die Gruppe dieser Staaten ist jedoch bislang noch nicht genau festgelegt.

Einen weiteren Diskussionspunkt bietet die bereits angesprochene Förderung der **Konzentration auf dem Bankensektor** durch die neuen Regulierungsvorschläge aus Basel. Dieser auch ohne den Baseler Akkord anhaltende Trend könnte durch das Streben nach Synergien und insgesamt kostengünstigeren Banken-Ratings noch verstärkt werden. Diese Entwicklung kann sich wegen der dadurch sinkenden Wettbewerbsintensität auf dem Bankenmarkt negativ auswirken.

Bei der **Kalibrierung der Gewichtungsfaktoren im IRB-Ansatz** geht der Baseler Ausschuss von Risikogewichten von 14 – 625 % und damit von einer entsprechend großen Spreizung der Kreditkonditionen aus. Die obere Grenze dieser Risikogewichtung wird in der Praxis eindeutig

---

[1] Nach einer empirischen Untersuchung von *Kirmße, S.* (in Druck), S. 293, erwarten 68,7 % der befragten Experten, dass sich bis zum bislang ins Auge gefassten Inkrafttreten der Baseler Beschlüsse in 2005 ein liquider Markt für Kreditderivate entwickelt haben wird, ähnlich dem im Zins- und Währungsbereich.

als zu hoch angesehen. Eine Eigenmittelunterlegungspflicht von 625 % multipliziert mit dem Faktor 8 %, also 50 %, macht auch wirtschaftlich für ein Kreditinstitut und seine Firmenkunden wenig Sinn. Risikoreichere Geschäfte mit Firmenkunden könnten letztlich nicht mehr getätigt werden, da die hohe prognostizierte Ausfallwahrscheinlichkeit zu Finanzierungskosten führt, die gerade für einen solchen Kreditnehmer nicht mehr tragbar wären. Ohne eine neue Kalibrierung der IRB-Ansätze und ohne eine umfangreiche, möglichst vollständige Berücksichtigung aller Formen der Kreditsicherung dürfte das traditionelle Kreditgeschäft mit den Firmenkunden des Mittelstandes noch weiter zum Erliegen kommen, als dies zur Zeit ohnehin schon zu beobachten ist.

Die **typischen Sicherheitsformen** des Mittelstandskredites finden im neuen Papier des Baseler Ausschusses nur bedingt Eingang. So werden etwa Sicherheitsübereignungen beweglicher Wirtschaftsgüter oder Sicherheitsabtretungen von Forderungen, einschließlich Lebensversicherungen, nur im komplizierten fortgeschrittenen IRB-Ansatz hinreichend berücksichtigt. Allein hier ist der Umfang der anerkannten Sicherheiten unbeschränkt.

Besicherungsrisiken werden jedoch neben den Haircutabschlägen zusätzlich mit einem 15 %-igen Risikoabschlag versehen. Dieser sogenannte **w-Faktor** führt im Prinzip zu doppelten Risikoabschlägen. Da den beigebrachten Sicherheiten insbesondere im Rahmen der deutschen Kreditkultur eine wichtige Rolle bei der Mittelstandsfinanzierung zukommt, trifft dieser Umstand die deutsche Kreditwirtschaft besonders hart. Allerdings wird die Notwendigkeit des w-Faktors auch in Basel kontrovers diskutiert und es ist nicht auszuschließen, dass dieser Bestandteil des Papiers keinen Eingang in die endgültige Regulierung findet.

Auch die überproportional steigenden Risikozuschläge für langfristige Kredite treffen gerade das deutsche Kreditgewerbe und auch den deutschen Mittelstand hart. Die langfristig ausgerichtete Kreditkultur in Deutschland hat sich über Jahre hinaus als stabilitätsfördernd herausgestellt.[1] Aus dieser Sicht stehen die geplanten Risikozuschläge für lange **Laufzeiten** daher dem Ziel der Förderung der Finanzmarktstabilität entgegen.

Die Vielfalt der zur Zeit diskutierten Verfahren bedingt eine sich aus dem Gesamtpaket Basel II ergebend **Komplexität**, (Anrechnung von Sicherheiten, Laufzeiten, Granularität, etc.). Um diesen Anforderungen in voller Höhe zu genügen und Vorteile aus der Anwendung der komplexeren Verfahren zu ziehen, bedarf es zum Teil ausgefeilter statistisch-mathematischer Verfahren, die eine entsprechende Umstrukturierung von Aus- und Weiterbildung der Mitarbeiter zur Folge haben. Der Einsatz von Mathematikern in Kreditinstituten dürfte wie in der Versicherungswirtschaft zur Selbstverständlichkeit werden.[2]

---

[1] S. a. o. V. (1999).
[2] Vgl. o. V. (2001a), S. 169.

Bei Anwendung erweiterter Ansätze ergeben sich auch erweiterte **Offenlegungspflichten**. Dies bezieht sich vor allem auf die Eigenmittel der Bank, das Risikoprofil (Kreditnehmerarten, Risikoklassen), den Umfang der Kreditrisikominderung sowie die internen Systeme. Je nachdem, für welchen Ansatz sich die Bank entschieden hat, müssen dabei auch die internen Schätzwerte für Parameter wie PD, LGD, EAD oder M offengelegt werden sowie die dabei angewandten Verfahren und Datengrundlagen.

Der mit einer Umsetzung von Basel II einhergehende Überwachungsaufwand würde zweifellos deutlich ansteigen.[1] In diesem Zusammenhang wurden bereits Überlegungen angestellt, die eine Zusammenfassung der Deutschen Bundesbank und des Bundesaufsichtsamtes für das Kreditwesen zu einer neuen übergreifenden Aufsichtsbehörde zum Gegenstand hatten. Nicht zuletzt im Hinblick hierauf muss die Frage erlaubt sein, ob die aktuellen Konsultationspapiere aus Basel nicht eine verstärkte Regulierung der Märkte fördern, statt wie beabsichtigt zu einer Deregulierung der Finanzmärkte beizutragen.

Selbst die Frage, ob das Ausgangsziel international vergleichbarer Wettbewerbsbedingungen erreicht werden kann, lässt sich nicht zweifelsfrei beantworten. Lassen sich solche vergleichbaren Bedingungen überhaupt schaffen, wenn Banken nur interne Ratings verwenden und die Systeme einzig von den jeweiligen nationalen Aufsichtsbehörden zugelassen und überprüft werden? Einer globalen Vereinheitlichung der Vorgehensweise bei der Risikobeurteilung und der daran anknüpfenden Eigenkapitalunterlegung dürfte das eher entgegenstehen. Dann aber kann auch nicht von vereinheitlichten Wettbewerbsbedingungen ausgegangen werden.

Letztlich werden die Probleme im Hinblick auf Konjunkturzyklen durch die Förderung kurzfristiger Finanzierungen zusätzlich verstärkt. Überproportionale Laufzeitenaufschläge lassen diese als vorteilhafter erscheinen.

V. Basel II und der Wettbewerb der Banken

1. Einflussfaktoren auf den Wettbewerb

Wenn im Folgenden von Einflüssen der Baseler Beschlüsse auf den Wettbewerb gesprochen wird, muss man sich vor Augen führen, was bereits zu Beginn dieses Beitrags betont wurde: Nichts ist zur Zeit schon so festgezurrt, dass es sich nicht bis zum Inkrafttreten der Baseler Beschlüsse noch ändern ließe. Dieses gilt auch und insbesondere für den Anwendungsbereich der Regulierungsvorschriften. So wurde in den USA bereits über die Abkehr von der generellen Anwendung der Baseler Beschlüsse nachgedacht. Bis zu einer Bilanzsumme von 5 Milliarden $ sollten sich Banken, die sich nicht im Derivategeschäft betätigen, von den

---

[1] Vgl. *Kotz, H.-H. (2000)*.

Regulierungsanforderungen befreien dürfen.[1] Von einer solchen Befreiungsklausel wären 90 % der US-amerikanischen Banken betroffen. Diese müssten sich die Befreiung allerdings über eine geringfügige Erhöhung der Eigenkapitalunterlegung über 8% hinaus erkaufen.

Diskussionen in Brüssel und Berlin zielen in eine ähnliche Richtung. Danach sollten nur Banken mit einem Anteil an Auslandsaktiva von mindestens 20 % und einem Anteil von mindestens 3 % am Auslandsgeschäft aller Heimatbanken zwangsweise in den Regulierungskreis einbezogen werden. Für die übrigen Banken gäbe es eine Wahlmöglichkeit, beim alten Modell zu bleiben.[2]

Würden diese Vorschläge realisiert, dann könnte erst recht kaum mehr von einer Vereinheitlichung der Grundlagen des internationalen Wettbewerbs gesprochen werden.

Generell würden nationale Ausnahmeregelungen auch innerhalb der einzelnen Staaten zu einem Zwei-Klassen-System von „Global Playern" auf der einen und unbedeutenden „Provinzbanken" auf der anderen Seite führen.

Aber auch die Regulierungen von Basel II führen durch die Folgen der Wahlfreiheit zwischen den im Grunde drei verschiedenen Methoden zur Bestimmung der erforderlichen Eigenkapitalunterlegung zu einer Differenzierung der Stellung der Banken im Wettbewerb. Wie oben gezeigt scheint sich die Anwendung der IRB-Ansätze nach dem bisherigen Stand der Diskussionen zwar auf den ersten Blick belastend auf die Eigenkapitalunterlegung auszuwirken, wenn man von einem Firmenkreditportfolio durchschnittlicher Ausfallwahrscheinlichkeiten ausgeht. Auf den zweiten Blick bietet aber vor allem der fortgeschrittene IRB-Ansatz erheblichen Zusatznutzen. Denn einerseits erlaubt er eine Feinsteuerung der institutsspezifischen Risiken und der bei Verwendung dieses Ansatzes allein daran geknüpften Eigenkapitalunterlegung, andererseits bietet er als einziger Ansatz die Möglichkeit, die Feineinstellung der Risiken über unterschiedlichste Sicherungsmaßnahmen zu berücksichtigen, von den bereits bislang schon üblichen Sicherheiten bei Mittelstandskrediten bis hin zu modernen Maßnahmen wie dem Einsatz von Kreditderivaten. Dieser wird erst mit der erwarteten Marktentwicklung für solche Derivate[3] zu einem vollwertigen Instrument werden. Dann aber würde er, wie oben gezeigt, flexible Reaktionen auf veränderte Ratings erlauben, die sich etwa infolge von Konjunkturschwanken ergeben.

Banken, die von solchen Wirkungen zwar betroffen sind, aber einen der beiden anderen Ansätze verwenden, bliebe für einen solchen Fall nur die Vorhaltung eines erhöhten „Sicherheitsbestandes" an Eigenkapital. Ihr Vorteil bestünde allerdings darin, dass die mit den

---

[1] Vgl. dazu o. V. (2001b).
[2] Vgl. o. V. (2001a), S. 168 f.
[3] Vgl. Kirmße, S. (in Druck).

einfacheren Ansätzen verbundenen Offenlegungspflichten auch vergleichsweise bescheidener ausfallen.

Für traditionell eigenkapitalschwache Institute, wie z. B. die Sparkassen, dürfte zudem nicht einmal das Granularity Adjustment einen spürbaren Vorteil bringen. Die Effekte daraus sind nicht nur vergleichsweise bescheiden, sie könnten wegen der hohen „Benchmark" sogar selbst bei recht guter Risikostreuung noch negativ sein.

Zudem verschlingt gerade das Handling dieses Instruments wegen seiner mathematischen Komplexität bei allen Banken erhebliche Humanressourcen, die in der erforderlichen Qualität vermutlich selbst in Deutschland (von den Filialen in einigen weniger entwickelten Ländern) auf Engpässe im Angebot stoßen würden. Der Umsetzungsaufwand würde beträchtlich erhöht.

2. Ergebnis: Gewinner und Verlierer?

Wie jede Regulierungsänderung wirkt auch die Neuregelung der Eigenkapitalunterlegung bei Banken in aller Regel auf den Wettbewerb ein. Dies gilt selbst dann, wenn sie insgesamt „belastungsneutral" wirken würde. Denn ergeben sich durch die Regulierungsänderung relative Belastungsverschiebungen, so wirkt sich das auch auf die Stellung der Institute im Wettbewerb und auf die relativen Preise aus.

Der typische Gewinner ist nach dem bisherigen Stand der Konsultationen wie folgt zu beschreiben: Das Institut ist von weit überdurchschnittlicher Größe mit internationalem Betätigungsfeld. Sein Portfolio enthält nur ausgezeichnete Bonitäten und ist sehr gut differenziert. Die Kreditschwerpunkte liegen eher bei kurzen als bei langen Laufzeiten. Auch bei den (großen) internationalen Töchtern findet sich ausreichend gut ausgebildetes Personal, um die „technischen" Probleme des fortgeschrittenen IRB-Ansatzes zu handhaben. Dabei verfügt das Institut in allen Standorten über zeitlich weit, sogar bis vor 1998, zurückreichende reliable Datensätze zur Schätzung der notwendigen Parameter, insbesondere der Ausfallwahrscheinlichkeit (PD) und der Verlustquote im Insolvenzfall (LGD). Nur solche Institute trotzen auch den bei Konjunkturschwächen zu erwartenden Herunterstufungen der Unternehmungen in niedrigere Risikoklassen. Durch zeitliche Verschiebungen (Time-Lags) zwischen den Konjunkturzyklen bietet schon die regionale und branchenmäßige Streuung einen gewissen aktiven, „eingebauten" Schutz vor einer plötzlichen Überstrapazierung der Eigenkapitalbasis. Die Möglichkeiten zum Einsatz des fortgeschrittenen IRB-Ansatzes ergänzen diese Anpassungen über die aktiv einsetzbaren Instrumente aus dem Bereich der Kreditderivate. Die Entwicklung der Märkte in diesem Bereich wird daher sicher durch die Realisation der Vorschläge von Basel II zusätzlich angeschoben.

Dementsprechend hat der typische Verlierer nach heutigem Stand der Konsultationen folgende Eigenschaften: Es ist eine Spezialbank mit durchweg national und branchenmäßig konzentrierter Klientel, einer kleinen Anzahl an Kreditnehmern, die ein hohes Klumpenrisiko erzeugen. Die Laufzeit der Kredite ist eher lang, der Ausbildungsstand des Personals eher unterdurchschnittlich, die statistische Datenbasis schwach und nicht geeignet, verlässliche Prognosen über die Komponenten des Ausfallrisikos abzugeben.

Einen Sonderfall stellen Banken in Dritte-Welt-Staaten und Dritte-Welt-Staaten selbst dar. Länder, die heute noch knapp an der Aufnahme in die Positivliste mit der „politischen" Nullgewichtung fallen, könnten über hohe Refinanzierungskosten in eben diese Kategorie zurückgedrängt werden. Was als Hilfe für die Staaten in der Positivliste gedacht ist, könnte sich schnell als politischer Bumerang erweisen, wenn gleichzeitig Banken und Unternehmungen in diesen Ländern harten Risikokriterien unterworfen werden. Die daraus folgende Spaltung innerhalb eines Staates in „politisch" subventionierte und „risikopolitisch" kalkulierte Kreditkosten führt indirekt zu einer Unterstützung der staatlichen Lenkung. Dass solche Vorschläge von einer Institution kommen, die angetreten ist, die Wettbewerbsgrundlagen international zu vereinheitlichen und den Wettbewerb zu stärken, mag daher fast wie ein Scherz anmuten.

Ob die Wettbewerbsposition der Gewinner auf Dauer gehalten werden kann, scheint allerdings fraglich. Im Wettbewerb um die guten Bonitäten, die man mit einer geringen Eigenkapitalbelastung in das Portfolio aufnehmen kann, könnten die Margen bei den derart gestärkten Kreditnehmern schnell dahinschmelzen, zumal das Angebot an wirklich guten Bonitäten sehr knapp ist und die Kosten einer gezielten Marktbearbeitung zu deren Gewinnung merklich ansteigen dürften. Eine öffentlich bescheinigte gute Bonität ist zudem ein solider Grundstein für die eigene Verbriefung von Forderungen. Solche Qualitätssignale ermöglichen den guten Bonitäten eine Verselbständigung ihrer Finanzierungsaktivitäten und treiben damit die Disintermediation voran. So ist sogar nicht auszuschließen, dass die Gewinner von heute die Verlierer von morgen sein werden.

Aber noch sollte man nicht davon ausgehen, dass die Vorschläge der Konsultationspapiere auch umgesetzt werden. Vielmehr sprechen viele Gründe dafür, die vorliegenden Vorschläge zu überarbeiten, nicht zuletzt auch die hier aufgeführten Wettbewerbseinflüsse.

Literaturhinweise

Angermüller, N. O. (2001): Länderrisiko in der „neuen" Bankenaufsicht, in: ZfgK, 54. Jg. (2001), Nr. 12, S. 688-695.

Basel Committee on Banking Supervision (1998): International Convergence of Capital Measurement and Capital Standards, Basle, July 1988; http://www.bis.org/publ/bcbs04a.htm

Basel Committee on Banking Supervision (2001): The New Capital Accord, Basel, January 2001; http://www.bis.org/publ/bcbsca03.pdf

Deutsche Bundesbank (2001): Pressenotiz vom 9. März 2001, o. O., 2001; im Internet veröffentlicht unter www.bundesbank.de/by/de/pressenotizen/notizen/basel140301.htm

Elschen, R. (1996): Taxation by Regulation und die Kosten der Staatsverbindung von Unternehmungen, in: Sadowski, Dieter, Czap, Hans, Wächter, Hartmut (Hrsg.): Regulierung und Unternehmenspolitik, hrsg. v., Wiesbaden, 1996, S. 470-473.

Fischer, Th. R. (2001): Operationale Risiken im neuen Basler Kapitalakkord, in: ZfgK, 54. Jg. (2001), Nr. 12, S. 662-665.

Heinke, E. (2001): Basel II und seine Bedeutung für die mittelständische Wirtschaft, in: ZfgK, 54. Jg. (2001), Nr. 4, S. 174-178.

Heinke, V. G., Steiner, M. (2000): Rating am europäischen Kapitalmarkt: Aktuelle Entwicklungstendenzen - Teil 1, in: Der Finanzbetrieb, 2. Jg. (2000), Nr. 1, S. 1-8.

Heinke, Volker G., Steiner, Manfred (2000): Rating am europäischen Kapitalmarkt: Nutzenaspekte und Empirische Analysen (Teil II), in: Der Finanzbetrieb, 2. Jg. (2000), Nr. 3, S. 138-150.

Hölscher, R. (1998): Eigenmittelunterlegung von Marktpreisrisiken im Grundsatz I, in: ZfgK, 51. Jg. (1998), Nr. 13, S. 747-752.

Kirmße, S. (in Druck): Die Mobilisierung von Kreditgeschäften als Instrument bankpolitischer Entscheidungen, in Druck.

Kotz, H.-H. (2000): Basel II – neue Anforderungen an die Bankenaufsicht, in ZfgK, 53. Jg. (2000), Nr. 12, S. 638-642.

Linnell, I. (2001): A Critical Review of the New Capital Adequacy Framework Paper Issued by the Basle Committee on Banking Supervision and its Implications for the Rating Agency Industry, in: Journal of Banking and Finance, Vol. 25 (2001), No. 1, S. 187-196.

Loch, F., Thelen-Pischke, H. (2001): Basel II – Herausforderungen für die Geschäftstätigkeit der Institute, in: ZfgK, 54. Jg. (2001), Nr. 13, S. 736-739.

o. V. (1999): Sparkassen: Durch Baseler Akkord benachteiligt, in: Börsen-Zeitung Nr. 224 vom 19.11.1999, S. 7.

o. V. (2001a): Die neuen Baseler Regelungen werden nicht per se zu einer Verteuerung der Kreditvergabe führen – Kreditwesenumfrage zu Basel II, in: ZfgK, 54. Jg. (2001), Nr. 4, S. 168f.

o. V. (2001b): Berlin will EU-Ausnahmen für kleine Banken, in: Handelsblatt Nr. 119 vom 25.6.2001.

Tietmeyer, H. (2001): Rede auf der Sitzung des Beirats des European Center for Financial Services e.V. am 6. September 2001 im Landschaftspark Duisburg-Nord.

Wilkens, M., Entrop, O., Völker, J. (2001a): Strukturen und Methoden von Basel II – Grundlegende Veränderungen der Bankenaufsicht, in : ZfgK, 54. Jg. (2001), Nr. 4, S. 187-193.

Wilkens, M., Baule, R., Entrop, O. (2001b): Basel II – Berücksichtigung von Diversifikationseffekten im Kreditportfolio durch das Granularity Adjustment, in: ZfgK, 54. Jg. (2001), Nr. 12, S. 670-676.

Zentraler Kreditausschuss (2001): Stellungnahme des Zentralen Kreditausschusses zum Konsultationspapier des Baseler Ausschusses zur Neuregelung der angemessenen Eigenkapitalausstattung von Kreditinstituten vom 16. Januar 2001 („Basel II"), Berlin, Mai 2001; *http://www.dsgv.de*

Basel II und die zukünftigen Kreditpreise

PROF. DR. BERND ROLFES

Leiter Fachgebiet Banken und Betriebliche Finanzwirtschaft
Gerhard-Mercator-Universität Duisburg

CORDULA EMSE

Mitarbeiterin am Fachgebiet Banken und Betriebliche Finanzwirtschaft
Gerhard-Mercator-Universität Duisburg

Einleitung

Das Baseler Konsultationspapier hat weitreichende Konsequenzen. Dies betrifft nicht nur die Höhe der Eigenkapitalunterlegung insgesamt, sondern auch die Kreditkonditionen der einzelnen Engagements. Im nachfolgenden Beitrag werden nach einem kurzen zusammenfassenden Abriss der mit dem zweiten Baseler Konsultationspapier verbundenen Neuerungen die Auswirkungen der veränderten Unterlegungsvorschriften auf die Konditionsbausteine im Kreditgeschäft untersucht.[1] Darauf aufbauend werden die sich aufgrund der veränderten Konditionen und Prozesse im Kreditgeschäft für Banken, Kreditnehmer und Bankenaufsicht ergebenden bedeutenden Konsequenzen diskutiert.

Das Baseler Konsultationspapier stellt gegenüber dem Baseler Akkord von 1988 eine grundlegende Neuordnung der Bankenaufsicht insbesondere im Bereich der Ausfallrisiken dar. Dennoch bleiben wichtige Regelungsbereiche und die grundlegende Systematik **unverändert**. Dazu zählt zunächst die Definition und Zusammensetzung des aufsichtsrechtlichen Eigenkapitals (Tier 1, Tier 2, Tier 3). So soll beispielsweise das Kernkapital weiterhin mindestens 4 % der unterlegungspflichtigen Nichthandelsbuch-Risiken betragen. Der Solvabilitätskoeffizient wird mit 8 % beibehalten. Weiterhin bleibt die grundlegende Methode zur Ermittlung von Marktpreis- und damit verbundenen Risiken des Handelsbuchs unverändert, es erfolgt jedoch eine Neudefinition des Handelsbuchs. Insgesamt ist beabsichtigt, das derzeitige Eigenkapitalniveau im Bankensystem dauerhaft zu erhalten. Etwaige Eigenkapitaleinsparungen bei einzelnen Risikoarten (bspw. Kreditrisiken) sollen durch erstmalige Unterlegung bei anderen Risiken (Zinsänderungsrisiken im Anlagebuch und operational Risk) ausgeglichen werden (sog. Kompensationsprinzip).

Mit Basel II wird die Struktur der Bankenaufsicht durch das sog. **3-Säulen-Prinzip** vollkommen neu konzipiert (vgl. Abbildung 5). Neben der Festlegung von Mindestkapitalanforderungen (Säule 1) ruht die Bankenaufsicht auf zwei weiteren Säulen, dem bankaufsichtlichen Überwachungsprozess (Supervisory Review Process, Säule 2) und der Förderung der Marktdisziplin (Säule 3). Der **individuelle Überprüfungsprozess** der Bankenaufsicht (Säule 2) soll die Eigenmittelvorschriften ergänzen und es den Aufsehern ermöglichen, bei der Beurteilung der Angemessenheit der Eigenmittel neben den „fixierten" Unterlegungsregeln verstärkt auf das individuelle Risikoprofil der Banken abzustellen. Insbesondere ist dies für die Kategorie der Zinsänderungsrisiken im Anlagebuch relevant, für die keine objektiven Unterlegungsregeln im Rahmen der ersten Säule existieren, so dass die Eigenkapitalanforderung in diesem Risikobereich allein nach dem Ermessen der Bankenaufsicht im Hinblick auf die Situation der

---

[1] Änderungen und Neuerungen, die erst nach dem Zeitpunkt des Symposiums, also nach September 2001, diskutiert bzw. veröffentlicht wurden, sind grundsätzlich nicht berücksichtigt. An den jeweiligen Stellen wird jedoch auf etwaige Neuerungen und dazu erschienene Veröffentlichungen verwiesen.

jeweiligen Bank festgelegt wird. Durch eine Ausdehnung der **Offenlegungspflichten** (Säule 3), insbesondere der Berichterstattung im Geschäftsbericht, sollen professionelle Marktteilnehmer die Risiken der jeweiligen Bank besser abschätzen können. Hierdurch soll zusätzlich zu der Regulierung der Banken durch die Bankenaufsicht eine Regulierung durch das Marktumfeld erfolgen, die zu einer Förderung der **Marktdisziplin** führt.

In Bezug auf die **Mindesteigenkapitalanforderungen** (Säule 1) bestehen die wesentlichen Neuerungen neben der erstmaligen expliziten Erfassung des operationellen Risikos mittels entsprechender Quantifizierungsmethoden (vgl. hierzu S. 103 ff.) vor allem in den umfassenden Modifikationen der Messverfahren für das Kreditrisiko. Letztere betreffend sind ein Standardansatz sowie sog. Internal Ratings Based (IRB)-Verfahren vorgesehen, wobei für alle Ansätze weitreichende Regelungen zur Behandlung von Techniken der Kreditrisikominderung sowie eine Reihe von operationalen Mindestanforderungen formuliert werden. Die Regelungen zur Quantifizierung der Marktrisiken sowie zur Abgrenzung des regulatorischen Eigenkapitals hingegen bleiben weitgehend unverändert.

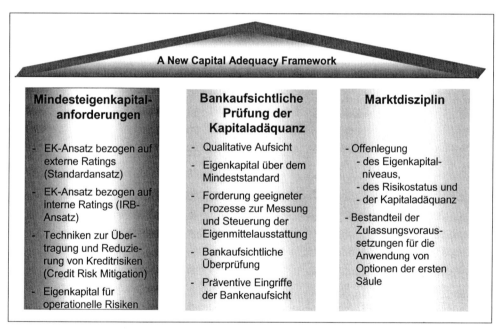

Abbildung 5: Das Drei-Säulen-Konzept der Bankenaufsicht des Baseler Ausschusses

I. Aufsichtsrechtliche Eigenkapitalunterlegung von Kreditrisiken – Neuerungen durch Basel II

Im Kreditrisikobereich betreffen die Änderungen im Wesentlichen nachfolgende vier Änderungsbereiche:

1. (Benchmark-)Risikogewichte: Die Bonitäts- bzw. Risikogewichte sind gegenüber dem Verfahren des Grundsatzes I durch die alternativen Ansätze stärker differenziert. Der Differenzierungsgrad steigt hierbei mit zunehmender Komplexität der Verfahren (Standard- versus IRB-Ansätze) an.

2. Restlaufzeiten: Die Restlaufzeiten von Kreditengagements werden im Gegensatz zum Grundsatz I, der die Restlaufzeiten nur in einigen wenigen Ausnahmefällen einbezieht, bei den komplexeren IRB-Verfahren (fortgeschrittener IRB-Ansatz) bei der Ermittlung der Unterlegungsbeträge explizit erfasst.

3. Kreditrisikominderung: Instrumente zur Minderung des eingegangenen Kreditrisikos, wie Sicherheiten, Garantien, Kreditderivate etc., werden im Vergleich zum Grundsatz I bei allen Ansätzen der Baseler Vorschläge in wesentlich umfangreicherem Maß berücksichtigt.

4. Portfolioeffekte: Über den sog. Granularitätsanpassungsfaktor (Granularity Adjustment Factor) sollen individuelle Konzentrationseffekte im Kreditportfolio zumindest bei staatlichen Schuldnern, Banken und Unternehmen im Rahmen der IRB-Ansätze berücksichtigt werden. Bei Privatkunden ist die höhere Granularität dieser Portfolios bereits unmittelbar in den entsprechenden IRB-Ansatz eingearbeitet.

1. Differenzierung der Basis-Risikogewichte

Abgesehen von den Effekten der Berücksichtigung von Laufzeiten und Sicherheiten auf die Höhe der Risikogewichte, zeigt sich die stärkere **Differenzierung der (Basis-)Risikogewichte** zeigt sich bereits in dem grundlegenden Quantifizierungsverfahren der neuen Eigenkapitalvereinbarung, der **Standardmethode** . Diese basiert auf dem im Grundsatz I bzw. der Eigenkapitalvereinbarung von 1988 enthaltenen Messverfahren. Auch weiterhin ergibt sich der Betrag der risikogewichteten Aktiva als Produkt aus dem Kreditrisiko- bzw. Kreditäquivalenzbetrag und einem Risikogewicht. Während die Bestimmungen zur Ableitung der ersten Komponente weitgehend unverändert bleiben, sind die Risikogewichte in Höhe und Differenzierungsgrad modifiziert. Das Risikogewicht eines Schuldners richtet sich zum einen – wie bisher auch – nach der Schuldnerklasse (Staaten, Banken sowie Unternehmen und Private) sowie neuerdings nach dem externen Rating eines Schuldners, also der Bonitätsbeurteilung durch eine anerkannte Ratingagentur. Dabei ist mit abnehmender Bonität bzw. schlechter werdendem Rating ein höheres Risikogewicht anzusetzen (Abbildung 6).

Rating*	AAA bis AA-	A+ bis A-	BBB bis BBB-	BB+ bis BB-	B+ bis B-	schlechter als B-	ohne Rating
Zentralstaaten und Zentralbanken	0 %	20 %	50 %	100 %	100 %	150 %	100 %
Kreditinstitute							
• Option I *oder*	20 %	50 %	100 %	100 %	100 %	150 %	100 %
• Option II	20 %	50 %	50 %	100 %	100 %	150 %	50 %
• Option II, kurzfr. Ford. < 3 M.[1)]	20 %	20 %	20 %	50 %	50 %	150 %	20 %
Nichtbanken	20 %	50 %[2)]	100 %	100 %	150 %[3)]	150 %	100 %
ABS	20 %	50 %	100 %	150 %	Abzug vom haft. EK[4)]	Abzug vom haft. EK	

* Im Beispiel Standard&Poor's Ratingbezeichnungen   Änderungen gegenüber dem ersten Konsultationspapier vom Juni 1999:
zuvor: [1)] 6 M./ [2)]100%/ [3)]100% / [4)]150%

Abbildung 6: Die Bonitätsgewichte nach externem Rating (Standardansatz)

So richtet sich das Risikogewicht von Forderungen an Staaten nicht mehr nach der OECD-Zugehörigkeit, sondern nach dem externen Rating bzw. der Länderklassifizierung des jeweiligen Landes und variiert je nach Bonität des Schuldners zwischen 0 und 150 %.

Bei den Forderungen an Banken können die Aufsichtsbehörden bei der Ausgestaltung der nationalen Regelwerke zwischen zwei Optionen wählen. Einerseits kann für eine Bank das um eine Stufe erhöhte Risikogewicht des Staates herangezogen werden, in dem die Schuldner-Bank ihren Sitz hat (Option 1). Hat der Sitzstaat ein Rating von BB+ und schlechter oder ist der Sitzstaat gar nicht geratet, so beträgt das anzusetzende Risikogewicht jedoch „nur" 100 %. Andererseits kann das Rating der Bank selber die Grundlage für das Risikogewicht bilden (Option 2). Für kurzfristige Forderungen mit einer Ursprungslaufzeit von drei Monaten oder weniger kann jedoch ein um eine Stufe günstigeres Risikogewicht angesetzt werden, wobei das begünstigte Risikogewicht aber mindestens 20 % betragen muss. Ferner erhalten Banken mit einem Rating von unter B- unabhängig von der Laufzeit einen Gewichtungsfaktor von 150 %.

Forderungen an Unternehmen und Private gehen im Gegensatz zum Grundsatz I, bei dessen Anwendung in allen Fällen ein einheitliches Basis-Bonitätsgewicht von 100 % herangezogen wurde, mit einem Risikogewicht zwischen 20 % und 150 % in die Eigenkapitalanforderung ein. Forderungen ohne Rating erhalten standardmäßig ein Gewicht von 100 %.

Der Cap nach § 13 Abs. 4 Nr. 1 Grundsatz I, der das Risikogewicht für innovative außerbilanzielle Geschäfte prinzipiell auf 50 % beschränkt, fällt nach den neuen Baseler Bestimmungen weg.

Während bei Anwendung der Standardmethode die Risikogewichte in Abhängigkeit vom externen Rating des Schuldners bestimmt werden, ziehen die komplexeren, auf internen Ratings basierenden (**IRB-**) **Ansätze** die bankinterne Bonitätsbeurteilung des Schuldners zur Ermittlung der Risikogewichte heran. Über vorgegebene Formeln wird das Risikogewicht in Abhängigkeit von den vier zentralen, das Kreditrisiko bestimmenden Parametern Ausfallwahrscheinlichkeit (Probability of Default, PD), Verlust im Fall des Ausfalls des Kreditnehmers (Loss Given Default, LGD), Höhe der Forderung zum Zeitpunkt des Ausfalls (Exposure at Default, EAD) sowie der Restlaufzeit der Forderung (Maturity, M) berechnet. Um die IRB-Ansätze anwenden zu können, sind jedoch eine Reihe von Mindestanforderungen durch die Banken zu erfüllen.

Bei Krediten an Staaten, Banken und Unternehmen sind zwei alternative IRB-Ansätze vorgesehen, der Basisansatz und der fortgeschrittene Ansatz. Beim IRB-Basisansatz darf nur die Ausfallwahrscheinlichkeit von der Bank selbst geschätzt werden, indem die Bank den Kredit bzw. Kreditnehmer einer internen Ratingstufe zuweist und die validierte historische Ausfallquote dieser Ratingstufe dem Kredit als Ausfallwahrscheinlichkeit zuweist. Die übrigen drei Parameter LGD, EAD und M sind hingegen in den Verfahrensregeln des Basisansatzes aufsichtsrechlich fest vorgegeben. So beträgt der LGD für unbesicherte erstrangige Forderungen standardmäßig 50 % und für unbesicherte nachrangige Forderungen 75 %. Der EAD ergibt sich durch Anwendung der vorgegebenen Umrechnungs- bzw. Kreditäquivalenzfaktoren auf die Bemessungsgrundlage. Die Restlaufzeit M wird implizit mit 3 Jahren unterstellt. Bei einem Kredit mit einem LGD von 50 % ergeben sich in Abhängigkeit von der Ausfallwahrscheinlichkeit damit Risikogewichte in einer Bandbreite von 14 % (PD=0,03 %) bis 625 % (PD=20 %).[1] Ein dem Grundsatz I entsprechendes Risikogewicht von 100 % ergibt sich dabei bei einer Ausfallwahrscheinlichkeit von 0,7 %. Bei Anwendung des fortgeschrittenen IRB-Ansatzes können Banken für sämtliche Risikoparameter bankinterne Schätzungen heranziehen.

---

[1] In einem Arbeitspapier vom November 2001 schlägt der Baseler Ausschuss eine modifizierte Risikogewichtungsfunktion vor, die im Hinblick auf die schlechteren Bonitäten deutlich abgeflacht ist. So liegen die Risikogewichte nunmehr in einer Bandbreite zwischen 17,5 % (PD = 0,03 %) und 375 %. Vgl. *Basel Committee on Banking Supervision (2001b)*. Ein Risikogewicht von 100 % ergibt sich dabei bei einer Ausfallwahrscheinlichkeit von 1 %.

Für Kredite an Privatkunden ist eine gesonderte Funktion zur Berechnung der Risikogewichte vorgesehen, wobei die im zweiten Konsultationspapier aufgeführten konkreten Funktionsvorschriften bisher lediglich vorläufigen Charakter haben. Banken können zur Bestimmung des Risikogewichts entweder PD und LGD separat oder aber direkt den erwarteten Verlust des Kredites unter Berücksichtigung der aus Sicherheiten, Garantien oder Kreditderivaten resultierenden kreditrisikomindernden Effekte heranziehen. Bei traditionellen außerbilanziellen Geschäften ist es den Banken erlaubt, die Kreditäquivalenzfaktoren bei der EAD-Bestimmung selbst zu schätzen. Die individuelle Restlaufzeit M bestimmt hingegen nicht das Risikogewicht und ist daher nicht zu schätzen. Implizit wird hier ebenfalls eine Restlaufzeit von drei Jahren unterstellt. Bei einem unterstellten LGD von 50 % ergeben sich für Privatkunden in Abhängigkeit von der Ausfallwahrscheinlichkeit deutlich geringere Risikogewichte als für Staaten, Banken und Unternehmen. Sie liegen in der Bandbreite von 6 % (PD = 0,03 %) bis 479 % (PD=20 %).[1] Einer Ausfallwahrscheinlichkeit von 0,7 % ist dabei ein Risikogewicht von 50 % zugeordnet, so dass das Risikogewicht bei gleicher Ausfallwahrscheinlichkeit nur halb so hoch ist wie bei Firmenkunden.

Für einen Kreditnehmer, der weder der Kategorie Staat oder Bank zugeordnet werden kann, kommen somit zukünftig anstelle des einheitlichen Standard-Bonitätsgewicht von 100 % nach Grundsatz I eine Reihe alternativer Risikogewichte in Betracht (vgl. Abbildung 7). Dies ist zunächst davon abhängig, ob es sich bei dem Kreditnehmer um ein Unternehmen oder einen Privatkunden handelt. Bei einem Unternehmen stellt sich bei Anwendung des Standardansatzes die Frage, ob es über ein externes Rating verfügt. Nur für den Fall eines gerateten Unternehmens findet das differenzierte Gewichtungsschema des Standardansatzes Anwendung (20 % bis 150 %), für nicht geratete Unternehmen sowie Privatpersonen gilt auch weiterhin unabhängig von deren Bonität ein Risikogewicht von 100 %.

---

[1] Das Arbeitspapier des Baseler Ausschusses vom November 2001 sieht für Privatkunden zwei Risikogewichtungsfunktionen vor – eine für immobiliengesicherte Kredite und eine gesonderte für die übrigen Privatkunden. Nach letzterer Funktion beläuft sich die Bandbreite der Risikogewichte nunmehr auf 5 % (PD=0,03 %) bis 132,5 % (PD = 20 %). Vgl. *Basel Committee on Banking Supervision (2001b)*.

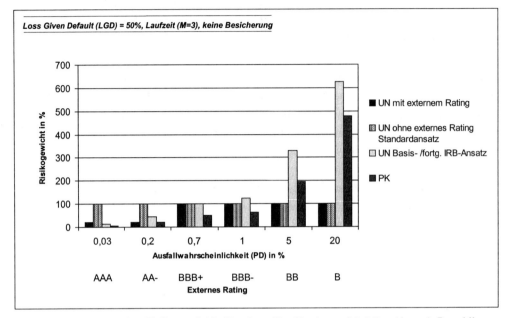

Abbildung 7: Alternative Risikogewichte für einen Kreditnehmer (Nichtbank) nach Basel II

2. Berücksichtigung von Restlaufzeiten

Im Standardansatz bleiben Restlaufzeiten bis auf wenige Ausnahmen – so z. B. die Behandlung kurzfristiger Forderungen an Banken nach Option 2 – unbeachtet. Der IRB-Basisansatz und der IRB-Ansatz für Privatkunden unterstellen mit der anzuwendenden Formel zur Bestimmung der Risikogewichte implizit eine durchschnittliche Restlaufzeit von 3 Jahren, eine explizite Erfassung der individuellen Restlaufzeit erfolgt jedoch nicht. Der fortgeschrittene IRB-Ansatz stellt jedoch bei der Festlegung der Risikogewichte auf die effektive Restlaufzeit ab, indem ein sog. Laufzeitanpassungsfaktor (Maturity Adjustment Factor) ermittelt wird. Insofern ergeben sich bei diesem Ansatz bei einer von 3 Jahren abweichenden Restlaufzeit nochmals veränderte Risikogewichte, so dass die Berücksichtigung der Restlaufzeit zu einer zusätzlichen Differenzierung der Gewichtungsfaktoren führt. Bei einer Restlaufzeit von unter (über) drei Jahren ergeben sich gegenüber dem IRB-Basisansatz geringere (höhere) Risikogewichte.

3. Berücksichtigung kreditrisikomindernder Techniken

Eine weitere Modifikation und Differenzierung der Risikogewichte ergibt sich aus der aufsichtsrechtlichen Anerkennung kreditrisikoreduzierender Instrumente, zu denen Sicherheiten, Netting, sowie Garantien und Kreditderivate zählen.

Aufsichtsrechtlich anerkannte Sicherheiten sind im Wesentlichen Bareinlagen, Schuldverschreibungen öffentlicher Stellen mit einem Rating von BB- oder besser, Schuldverschreibungen von Banken und Unternehmen mit Rating von BBB- oder besser, Gold sowie börsennotierte Aktien. Bei Anwendung des Standardansatzes können Sicherheiten über den einfachen Ansatz oder den umfassenden Ansatz berücksichtigt werden. Beim einfachen Ansatz erhält der besicherte Teil einer Forderung das Risikogewicht des Sicherungsgebers (mindestens 20 %), während der unbesicherte Teil mit dem Risikogewicht des Kreditnehmers eingeht. Nach dem umfassenden Ansatz wird der Sicherheitenwert zunächst um Sicherheitsabschläge für potenzielle Wertschwankungen (sog. Haircuts) bereinigt. Für den unbesicherten Teil kommt dann das Risikogewicht des Kreditnehmers zum Ansatz, während für den besicherten Teil das Risikogewicht des Kreditnehmers lediglich in Höhe von 15 % zur Absicherung des verbleibenden Restrisikos aus Verwertungsproblemen (w-Faktor) hinzugerechnet wird.[1] Das modifizierte Risikogewicht ergibt sich dann nach folgender Formel:

$$\begin{aligned} r^* &= r - r \cdot (1-w) \cdot \frac{C_A}{E} \\ &= \frac{1 - C_A}{E} \cdot r + \frac{C_A}{E} \cdot w \cdot r \end{aligned}$$

Gegeben sei beispielsweise ein nachrangiger Kredit über 100 Euro, für den anerkennungsfähige Sicherheiten gestellt seien. Der Sicherheitenwert nach Bereinigung um Haircuts belaufe sich auf 70 Euro, womit der besicherte Teil des Krediftes 70 % beträgt. Das Risikogewicht des Schuldners sei nach dem Standardansatz auf 100 % und das des Sicherungsgebers auf 50 % festgelegt. Nach der umfassenden Methode beträgt das modifizierte Risikogewicht nach Berücksichtigung von Sicherheiten in diesem Beispiel 40,5 % (= 100 % - 100 % * (1-0,15) * 70 %). Nach der einfachen Methode beläuft es sich auf 65 % (= 50 % * 70 % + 100 % * 30 %).

Im Rahmen der IRB-Ansätze werden Sicherheiten[2] über eine entsprechende Adjustierung des LGD berücksichtigt.[3] Im Basisansatz ist zunächst der um Sicherheitsabschläge bereinigte Sicherheitenwert zu ermitteln. Der modifzierte LGD bestimmt sich dann, indem vom ursprünglichen LGD der auf den besicherten Anteil des Kredites entfallende LGD in Höhe von (1-w) subtrahiert wird:

---

[1] Vgl. Boos, K. H., Schulte-Mattler, H. (2001b), S. 646-648. Nach dem Arbeitspapier vom November 2001 wird der w-Faktor wegfallen, da die Restrisiken über den Überwachungsprozess der Säule 2 bewertet werden sollen. Vgl. Basel Committee on Banking Supervision (2001b).

[2] Nach dem Arbeitspapier des Baseler Ausschusses vom November 2001 soll der Kreis der anerkannten Sicherheiten im IRB-Basisansatz auch auf physische Sicherheiten ausgedehnt werden. Vollständig durch physische Sicherheiten abgesicherte Kredite sollen danach einen LGD von 45 % erhalten. Vgl. Basel Committee on Banking Supervision (2001b).

[3] Vgl. Boos, K. H., Schulte-Mattler, H. (2001a), S. 470-477.

$$LGD^* = LGD - LGD \cdot \frac{C_A}{E} \cdot (1-w)$$

Für das obige Beispiel mit einem originären LGD von 75 % ergibt sich damit ein modifizierter LGD nach Berücksichtigung von Sicherheiten von 30,38 % (= 30% * 75% + 70%*15%*75% = 30,38%).

Der fortgeschrittene IRB-Ansatz basiert auf einer direkten Schätzung des LGD unter Einbeziehung der internen Bewertung der Sicherheiten. Im Gegensatz zum modifizierten Standardansatz und zum IRB-Basisansatz ist der Kreis der anerkennungsfähigen Sicherheiten dann jedoch nicht beschränkt.

Garantien sowie Kreditderivate in Form von Credit Default Swaps und Total Return Swaps werden bei bestimmten Sicherungsgebern (Unternehmen mit einem Rating von A- oder besser, Banken und Staaten mit einem geringeren Risikogewicht als das des Schuldners) ebenfalls als Instrumente zur Minderung des Kreditrisikos aufsichtsrechtlich anerkannt. Im Rahmen des Standardansatzes erhält der abgesicherte Teil einer Forderung einen mit dem w-Faktor gewichteten Durchschnitt aus den Risikogewichten des Schuldners und des Sicherungsgebers. Beim IRB-Basisansatz wird die Ausfallwahrscheinlichkeit angepasst, wobei sich die effektive Ausfallwahrscheinlichkeit als gewichtetes Mittel der Ausfallwahrscheinlichkeit des Garantie- bzw. Sicherungsgebers (Gewichtung mit [1-w]) sowie der Ausfallwahrscheinlichkeit des Schuldners (Gewichtung mit w) ergibt. Demgegenüber darf beim fortgeschrittenen Ansatz der Grad der Risikoübertragung bei der Ermittlung der effektiven Ausfallwahrscheinlichkeit durch die Bank selbst geschätzt werden.

4. Erfassung von Portfolioeffekten

Bei Anwendung des IRB-Ansatzes wird der entsprechend der vorstehenden Verfahrensweisen ermittelte Basisbetrag der risikogewichteten Aktiva des Non-Retail-Portfolios um einen sog. Granularitätsanpassungsbetrag korrigiert.[1] Unter dem Begriff der Granularität wird dabei der Grad der Konzentration in einem Kreditportfolio verstanden, also das Ausmaß, in dem ein Institut dem Ausfallrisiko einzelner Schuldner ausgesetzt ist. Je stärker sich das Kreditvolumen innerhalb einer Rating-Klasse auf mehrere Kreditnehmer verteilt, desto stärker werden die spezifischen Bonitätsrisiken der einzelnen Schuldner „ausgeschaltet" und desto ist auch die Eigenkapitalanforderung zur Unterlegung der Kreditrisiken.

Die zuvor beschriebenen Risikogewichte zur Ermittlung des Basisbetrags der risikogewichteten Aktiva wurden auf der Grundlage eines Portfolios von typischer (also durchschnittlicher) Granularität bestimmt. Um die individuelle Risikostruktur von Kreditportfolios auch in der aufsichtsrechtlichen Kapitalunterlegung adäquat abzubilden, ist vorgesehen, Banken mit einer

---

[1] Mittlerweile ist man von der Einführung eines Granularitätsindices offenbar abgerückt, vgl. *DSGV (2001)*.

geringeren Granularität (also einer stärken Konzentration) mit einem Aufschlag auf den Basisbetrag der risikogewichteten Aktiva zu belasten und Banken mit einer höheren Granularität (also einer stärkeren Diversifikation) durch einen entsprechenden Abschlag zu entlasten. Es soll demnach ermittelt werden, inwieweit das institutsindividuelle Kreditrisiko aufgrund von Klumpenbildung höher bzw. aufgrund einer breiten Streuung der Kredite niedriger ist als bei dem in den Risikogewichten implizit unterstellten „durchschnittlichen" Benchmark-Portfolio des Baseler Ausschusses.

Die Wirkung der Berücksichtigung der Granularität eines Kreditportfolios auf die Höhe des aufsichtsrechtlichen Eigenkapitals soll im Folgenden anhand eines vereinfachten Beispiels verdeutlicht werden (vgl. Abbildung 8).[1] Dazu soll ein Kreditportfolio mit 1.000 Krediten und einem Gesamtexposure von 1.300 Mio. Euro betrachtet werden. Es ergibt sich ein Granularitätszuschlag auf die Eigenkapitalunterlegung von +0,7 Mio. Euro (+1,2 %). Bei einer Verteilung des Gesamtexposures von 1.300 Mio. Euro auf mehrere kleine Kredite (2.600) ergibt sich ein Entlastungseffekt durch die Granularitätsanpassung von −1,7 Mio. Euro (-2,8 %); die risikogewichteten Aktiva betragen nunmehr 707 Mio. Euro und die Eigenkapitalunterlegung würde um 2,9 % zurückgehen.

---

[1] Vgl. hierzu z. B. *Wilkens, M., Baule, R., Entrop, O. (2001)*.

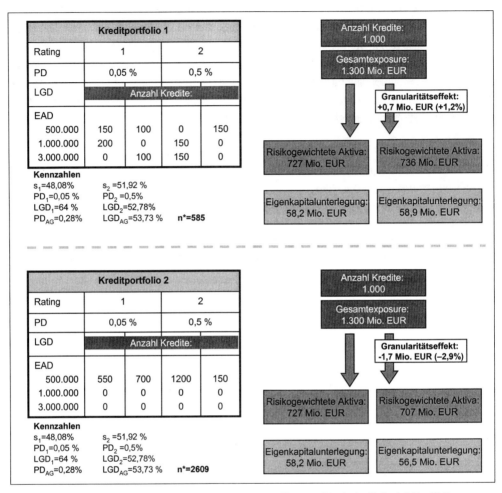

Abbildung 8: *Granularitätseffekt für zwei unterschiedlich strukturierte Beispiel-Portfolios*

Zusammenfassend kann festgehalten werden, dass die Struktur und Höhe der Risikogewichte nach Basel II im Vergleich zum bisherigen Grundsatz wesentlich differenzierter und ihre Ermittlung um ein Vielfaches komplexer ist. Die genauen Auswirkungen der Baseler Vorschläge auf die Unterlegungsbeträge für die Kreditrisiken der Institute sind noch nicht abschätzbar. Erste Proberechnungen auf Basis des Konsultationspapiers vom Januar 2001[1] gelangen zum einen zu dem Ergebnis, dass der Standardansatz (logischerweise) im Durchschnitt zu keiner großen Ent- bzw. Mehrbelastung führen wird (ca. 101 % der gegenwärtigen Grundsatz I-Belastung). Zum anderen wird der IRB-Basisansatz jedoch bei der gegenwärtigen Ausprägung sämtlicher Parameter zu einer deutlichen Mehrbelastung führen (ca. +40 % bis

---

[1] Quantitative Impact Study des Baseler Ausschusses sowie laufende Studie des ecfs.

+60 %). Für den fortgeschrittenen Ansatz sind bislang noch keine gleichlautenden Aussagen zu treffen. Die Bandbreite reicht hier von einer Mehrbelastung von +10 % bis zu einer Entlastung von ca. –5 %. Generell führen die IRB-Ansätze jedoch zu einer drastischen Mehrbelastung der schlechteren Bonitäten.

II. Auswirkungen von Basel II auf die Konditionenbausteine im Kreditgeschäft

Wie bereits dargestellt, ist die Höhe des aufsichtsrechtlichen Kapitals der einzelnen Kreditpositionen abhängig von einer Vielzahl von Determinanten. Zusammenfassend sind dies:

- das Kundensegment des Kreditnehmers: Staat, Bank, Unternehmen oder Privatkunde
- die Anwendung von Standard-, IRB-Basis- oder fortgeschrittener IRB-Ansatz
- das Vorhandensein eines externen Ratings (bei Anwendung des Standardansatzes)
- die Höhe der Ausfallwahrscheinlichkeit (bei Anwendung eines IRB-Ansatzes)
- die Höhe von EAD, LGD und M (bei Anwendung des fortgeschrittenen IRB-Ansatzes)
- die Art und Weise der kalkulatorischen Verrechnung des Granularitätsanpassungsbetrages auf das Einzelgeschäft (bei Anwendung eines IRB-Ansatzes)
- Methodik der Berücksichtigung von Sicherheiten (einfacher oder umfassender Ansatz)

Die Vielschichtigkeit der neuen Regelungen macht eine Prognose der ihrer Wirkungen auf die einzelne Kreditkondition sehr komplex und nahezu unmöglich. Dennoch soll nachfolgend eine – wo möglich – quantitative, zumindest jedoch konzeptionelle Annäherung an diese Fragestellung versucht werden.

Grundsätzlich wird die Höhe der kunden- und fazilitätsspezifischen Zielkondition im Kreditgeschäft von einer Vielzahl von Faktoren determiniert (vgl. Abbildung 9). Neben dem durch außerbetriebliche Faktoren bestimmten Markteinstandszins sind dies als betriebsbedingte Kostenkomponenten die Standard-Betriebskosten, die Standard-Risikokosten sowie der Renditeanspruch auf das gebundene Risikokapital.

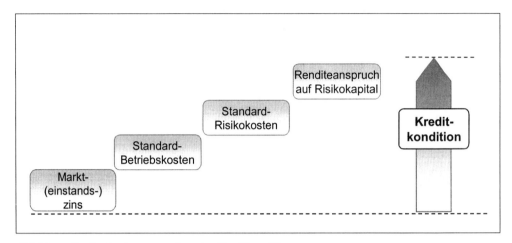

Abbildung 9: Kostenkomponenten der Kreditkondition

Der **Markteinstandszins** bildet den Ausgangspunkt zur Kalkulation der Zielkondition im Kreditgeschäft. Er entspricht dem am Geld- und Kapitalmarkt für eine Anlage mit vergleichbarer Qualität (Zinsbindung, Laufzeit, Währung) zu erzielenden (Opportunitäts-)zinssatz.[1] Da der Markteinstandszins von der aktuellen Zinsstruktur determiniert wird, sind für diese Kostenkomponente zumindest keine direkten Änderungen zu erwarten, die vom neuen Baseler Regelwerk ausgehen.

Demgegenüber wird die mögliche Veränderung der **Betriebskosten** im Wesentlichen vom angewandten Verfahren zur Ermittlung der aufsichtsrechtlichen Unterlegungsbeträge und vom Entwicklungsstand respektive Qualitätsstandard der bereits vorhandenen bankinternen Steuerungssysteme abhängen. Während sich für diejenigen Institute, die den modifizierten Standardansatz anwenden, wahrscheinlich keine nennenswerten Veränderungen im Hinblick auf die Betriebskosten ergeben werden, sind mit der Erfüllung der operationalen Mindestanforderungen[2], die an die Anwendung der IRB-Ansätze geknüpft sind, unter Umständen erhebliche zusätzliche Kosten verbunden. Das Ausmaß der Veränderung der Betriebskosten wird dabei zum einen davon abhängen, ob das betreffende Institut bereits über ein entwickeltes bankinteres Rating-System verfügt und zum anderen inwieweit das Rating-System die weitreichenden aufsichtsrechtlichen Mindestanforderungen erfüllt. Bei denjenigen Instituten die beabsichtigen, zukünftig den IRB-Basisansatz zur Ermittlung der aufsichtsrechtlichen Eigenkapitalunterlegung anzuwenden, derzeit jedoch noch über kein ausgebautes Rating-System verfügen ist es wahrscheinlich, dass die Implementierung eines Basel II-konformen Rating-Verfahrens mit hohen Kosten verbunden sein wird. Die einmaligen Kosten entstehen u. a. für die Entwicklung eines speziellen Rating-Systems, den Aufbau der hinsichtlich der Ausfallwahr-

---

[1] Vgl. *Schierenbeck, H. (1999)*, S. 83 ff.
[2] Zu den Mindestanforderungen vgl. *Basel Committee on Banking Supervision (2001a)*, S. 63.

scheinlichkeiten erforderlichen Datenreihen, die Schaffung interner Verfahren zur Validierung und zur Bewertung der Kapitaladäquanz. Erheblicher Aufwand entsteht auch durch den Aufbau einer unabhängigen Kreditrisikoüberwachungseinheit, die für Entwurf, Implementierung und Qualität des internen Rating-Systems der Bank verantwortlich ist.

Ferner entstehen nicht unerhebliche Kosten im Personalbereich für die Einstellung oder Ausbildung von Spezialisten, die für die Modelle zuständig sind, sowie für die Schulung aller für den Rating-Prozess verantwortlichen Mitarbeiter. Doch auch für diejenigen Banken, die bereits ein Rating-System implementiert haben, ergeben sich zusätzliche einmalige Kosten für die Anpassung des bestehenden Verfahrens an die regulatorischen Anforderungen. Anpassungskosten könnten sich u. a. daraus ergeben, dass Banken in ihren internen Risikosteuerungssystemen Sicherheiten im Rahmen der Ableitung des ausfallgefährdeten Betrages, dem so genannten Blankoexposure erfassen, für aufsichtsrechtliche Zwecke die aus Sicherheiten resultierenden kreditrisikoreduzierenden Wirkungen jedoch im LGD zu berücksichtigen sind. Insgesamt werden die für den Ausbau des Rating-Systems entstehenden Mehrbelastungen auch von der Anzahl und der Komplexität der neu einzuführenden Prozessschritte abhängen.

Neben den einmaligen Kosten ist jedoch bei Anwendung des IRB-Ansatzes zu erwarten, dass zunächst auch im laufenden Rating-Prozess erhebliche zusätzliche Kosten entstehen. Die Mehrbelastungen ergeben sich u. a. aus der Durchführung des Ratings und der Überwachung des Rating-Systems sowie der Rating-Prozesse. So muss bspw. jeder Kreditnehmer der einer Exposure-Klasse angehört, für die der IRB-Ansatz angewandt wird, vor der Kreditvergabe in eine Rating-Klasse eingeordnet werden. Gleichsam ist das zugeordnete Rating durch eine unabhängige Stelle zu überprüfen. Grundsätzlich soll die Erneuerung bzw. Überprüfung der Ratings dabei mindestens einmal im Jahr erfolgen. Demgegenüber sollen die Ratings von denjenigen Kreditnehmern über die Informationen über eine Verschlechterung der finanziellen Verhältnisse vorliegen innerhalb von 30 Tagen nach Erhalt der Informationen aktualisiert werden. Weiterhin ist bei denjenigen Instituten mit einer Erhöhung der Overheadkosten zu rechnen, bei denen interne Ratings noch kein wesentlicher Bestandteil des Reportings an die Geschäftsleitung, den Kreditausschuss und das oberste Verwaltungsorgan sind. Zusätzliche Kosten können sich auch durch die regelmäßigere Validierung und damit verbundene Anpassung der Methoden sowie die umfangreichen Dokumentationspflichten u. a. hinsichtlich des anfänglichen Ratings und der Migrationen der Kreditnehmer ergeben. Auch sind mit der mindestens halbjährigen Durchführung von Stresstests unter Berücksichtigung verschiedener Szenarien zur Beurteilung der Kapitalausstattung höhere laufende Kosten verbunden. Schließlich ergeben sich Mehrbelastungen auch aus der Notwendigkeit der Erfüllung der für den IRB-Ansatz spezifizierten Offenlegungspflichten im Rahmen der dritten Säule.

Insgesamt sind die Kosten für die Implementierung und den Ausbau des Rating-Systems und der Rating-Prozesse nur schwer quantifizierbar und dürfen zudem bankindividuell starken

Schwankungen unterliegen. Eine - wenn auch sehr grobe - Benchmark könnten möglicherweise die Kosten bilden, die mit der Erstellung eines Erst-Ratings durch eine externe Bonitätsbeurteilungsagentur verbunden sind. Beim Vergleich der Kosten, die mit der Erstellung eines Erst-Ratings verbunden sind, lassen sich in Abhängigkeit von den verschiedenen Anbietern zum Teil große Unterschiede feststellen (vgl. Abbildung 10). Während bei den großen und etablierten Agenturen Fitch, Standard & Poor's und Moody's die Kosten eines Erst-Ratings zwischen 35.000 und 60.000 Euro betragen, nimmt die Agentur Creditreform ein Erst-Rating bereits ab 5.200 Euro vor. Fraglich ist in diesem Zusammenhang, welche Rating-Agenturen die aufsichtsrechtlichen Eignungskriterien (u. a. Objektivität, Unabhängigkeit, Internationaler Zugang und Transparenz etc.) erfüllen und von den nationalen Aufsichtsinstanzen anerkannt werden.[1]

Ratingagenturen	Kosten für ein Emittenten-Rating in Euro	Serviceangebot
Moody's Deutschland GmbH	60.000	Fremdkapital-Ratings für Unternehmen
Standard and Poor's	50.000	Emittenten-Rating (Unternehmen u. öffentlich-rechtliche Emittenten)
Fitch Deutschland GmbH	35.000	Emittenten-Rating (Unternehmen u. öffentlich-rechtliche Emittenten)
URA Unternehmensratingagentur AG	ab 18.400	Unternehmens-Rating für mittelständische Betriebe, daneben auch Potenzial- und Scoringanalysen
Euro Ratings AG	von 9.000 bis 38.000	Emittenten-Rating für mittelständische Unternehmen
RS Rating Services AG	von 9.000 bis 30.000	Unternehmens-Rating für mittelständische Betriebe, auch stark standardisiertes Internet-Rating möglich
Creditreform Rating AG	von 5.200 bis 20.000	Mittelstands-Rating
GDUR Mittelstands-Rating AG	von 4.000 bis 35.000	Unternehmens-Rating für mittelständische Betriebe, auch Kurz-Rating über das Internet möglich

Abbildung 10: Kosten für Emittenten-Erst-Ratings[2]

Abschließend lässt sich hinsichtlich der Entwicklung der Höhe der Prozesskosten festhalten, dass diese kurzfristig betrachtet ansteigen werden. In mittel- bzw. langfristiger Sicht ist jedoch zu erwarten, dass die neue Eigenkapitalvereinbarung eher zu einer Reduktion der Prozesskosten beiträgt. Banken mit einem großen Kundenstamm oder Institutsverbände können von Mengeneffekten profitieren und Skaleneffekte ausnutzen. Generell ist es wahrscheinlich, dass es bei allen Instituten zu einer effizienteren und fokussierten Ausrichtung der Prozesse kommt.

---

[1] Zu den an die Anerkennung externer Bonitätsbeurteilungsinstitute gestellten Anforderungen vgl. *Basel Committee on Banking Supervision (2001a)*, S. 13f.
[2] Vgl. *HVB Rating Advisory (2001)*, S. 14.

Durch ein im Vergleich zum Status quo zukünftig systematischeres Rating dürften die Beratungsgespräche zudem durch einen größeren Strukturierungsgrad gekennzeichnet sein. Gleichzeitig wird die Existenz eines kostengünstigen Rating-Systems zu einem entscheidenden Wettbewerbsfaktor werden.[1]

Einen weiteren Kostenbestandteil der Kreditkondition stellen die **Standard-Risikokosten** dar, die durch Ansatz einer Risikoprämie durch den Kunden entgolten werden sollen. Die Standard-Risikokosten bepreisen dabei den Teil des Risikos, der bereits im Zeitpunkt der Kreditvergabe den erwarteten Verlust durch Ausfall oder Bonitätsverschlechterung des Kreditnehmers antizipiert. In der Vermögenswertsicht entsprechen die Standard-Risikokosten der Differenz zwischen dem Erwartungswert der zukünftigen (unsicheren) barwertigen Kreditzahlungen und demjenigen Erwartungswert, der sich unter der Annahme sicherer Zins- und Tilgungszahlungen ergibt. Der im Zeitpunkt der Kreditvergabe erwartete Verlust kann daher auch als barwertige Risikoprämie interpretiert werden und stellt unter Kalkulationsgesichtspunkten kein Risiko mehr dar, da die entsprechenden Aufwendungen – zumindest theoretisch – durch die Risikoprämie als Teil der Kreditkondition abgedeckt sind.[2]

Fraglich ist jedoch, inwiefern die von den Kreditinstituten gestellten Kreditkonditionen eine an der Bonität bzw. dem Risiko des einzelnen Kreditnehmers orientierte Risikoprämie enthalten, oder ob die Risikoprämie weitgehend bonitätsunabhängig bzw. pauschal angesetzt wird. In letzterem Fall würde dies langfristig zur einer systematischen Verschlechterung des Kreditportfolios führen (sog. Adverse Selection), da Kunden guter Bonität sich durch die einheitliche Risikoprämie benachteiligt fühlen und damit abwanderungsgefährdet sind, während Kunden schlechterer Bonität von einer angesichts des hohen Risikopotenzials relativ geringen Risikoprämie profitieren. Langfristig besteht damit die Gefahr, dass die Bank alle „guten" Kunden – bei unterstellter Preissensitivität und Wechselbereitschaft – verliert und nur noch die „schlechten" Kunden in ihrem Portfolio behält (vgl. Abbildung 11)[3].

---

[1] Vgl. *Goebel, R. (2001)*, S. 87.
[2] Vgl. *Rolfes, B. (2001)*, S. 4.
[3] Vgl. *Rolfes, B., Emse, C. (2001)*, S. 317.

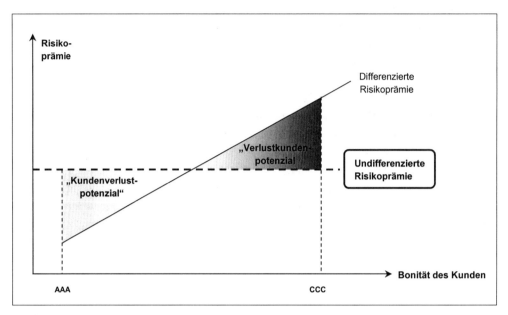

Abbildung 11: Risikostatus und Risikoprämie

Insofern ist eine möglichst risikoadäquate Konditionenstellung, wie sie am Kapitalmarkt in Form der Credit Spreads bereits beobachtbar ist[1], auch im Kreditgeschäft wünschenswert. Einen Zwischenschritt hin zu einer – aus verschiedenen Gründen problematischen – kundenindividuellen Risikomessung und damit Konditionenstellung stellt die Bildung von Risiko- bzw. Bonitätsklassen mit Hilfe von Rating-Systemen dar, wobei das Rating eine zusammenfassende Kurzschrift für einen Bonitätsstatus des Kreditnehmers bzw. einen Risikostatus eines Engagements darstellt.[2] Die geplante aufsichtsrechtliche Anerkennung interner Ratings sowie die damit verbundene erhöhte Qualität und Transparenz wird die Banken zukünftig veranlassen, die Risikoprämien bonitätsadäquater als bisher in Rechnung zu stellen. Für eine stärkere bonitätsabhängige Differenzierung der Konditionen spricht auch die mit der Anwendung interner Rating-Verfahren verbundene Anforderung des Baseler Ausschusses, die Risikokosten, die Rating-Informationen über den Kreditnehmer und die Fazilität widerspiegeln sollen, in den Kreditkonditionen zu berücksichtigen.[3] Durch die konsequente Vergabe interner Ratings werden sich die Standardrisikokosten entsprechend der Kreditnehmerbonität und Besicherung insofern vermutlich stärker differenzieren.

---

[1] So beträgt der Aufschlag auf den risikofreien Zins (Credit Spread) für AAA-geratete Anleihen bspw. 5 %-Punkte, während er sich für CCC-geratete Papiere auf 14,5 %-Punkte beläuft (Quelle: zeb/Research).
[2] Vgl. *Krahnen, J. P. (2000)*.
[3] Vgl. *Basel Committee on Banking Supervision (2001a)*, S. 58 f.

Hat bspw. eine Bank im Firmenkundengeschäft ihren Kunden zwar keine einheitliche, aber dennoch nur wenig differenzierte Risikoprämie belastet, wurden teilweise Kunden guter Bonität mit zu hohen und Kreditnehmer mit schlechterer Bonität mit zu geringen Risikoprämien belastet. Differenziert die Bank zukünftig stärker aufgrund der konsequenteren Vergabe interner Ratings auf Basis der Kreditnehmerbonität und der Besicherung, so kommt es zu einer deutlichen Spreizung der Kreditkonditionen. Gleichsam wird es zukünftig auch bei denjenigen Banken zu differenzierteren Kreditkonditionen kommen, welche die Anzahl ihrer Bonitätsklassen ausweiten. So könnte eine Ausweitung der Rating-Klassen von drei auf acht Stufen bspw. zu einer Vergrößerung des Credit-Spreads zwischen der besten und schlechtesten Bonitätsklasse um 2,18 %-Punkte (=4,14%-1,96%) führen (vgl. Abbildung 12).

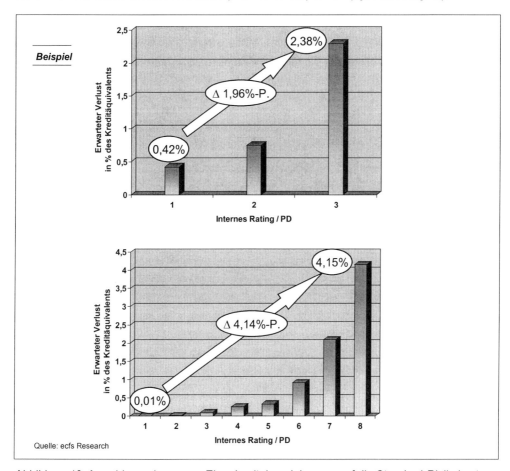

Abbildung 12: Auswirkung der neuen Eigenkapitalvereinbarung auf die Standard-Risikokosten

Schließlich bestimmt der **Renditeanspruch** auf das mit der jeweiligen Forderung gebundene Risikokapital die Höhe der Kreditkondition. Die Verzinsung dieses gebundenen Kapitals soll dabei der Ziel-Eigenkapitalrendite der Bank entsprechen. Geht man bspw. von einem mittels CAPM abgeleiteten buchwertbezogenen Renditeanspruch von knapp 15 % aus und interpretiert diesen auf Basis durchschnittlicher Vorsteuer-Renditen ermittelten Anspruch – wie in der Bankpraxis - als Nachsteuer-Rendite, ergibt sich bei einem angenommenen unternehmensbezogenen Steuersatz von 37,5 % ein Vorsteuer-Anspruch von 24 %. Bei einem unterstellten Anlagenutzen des gebundenen Kapitals von 7 % verbleibt ein über das Kundengeschäft zu erwirtschaftender Anspruch von 17 % vor Steuern, der – zumindest bei einer alleinigen Allokation des Ergebnisanspruches nach dem regulatorischen Eigenkapital – auf das mit dem Einzelgeschäft gebundene aufsichtsrechtliche Eigenkapital zu beziehen ist.

Nachfolgend sollen die Auswirkungen der Anwendung verschiedener aufsichtsrechtlicher Unterlegungsverfahren auf die Höhe des in der Margenkalkulation anzusetzenden Renditeanspruchs anhand von Beispielen verdeutlicht werden. Nach der derzeitigen Regelung des Grundsatzes I ergibt sich für einen Unternehmenskredit mit einem Kreditrisikobetrag von 1.500 Euro bei einer unterstellten Kernkapitalquote von 5 % und dem im Regelfall anzusetzenden einheitlichen Risikogewicht von 100 % ein bonitätsunabhängiger Ergebnisanspruch von 12,75 Euro vor Steuern (vgl. Abbildung 13). Bezogen auf den Kreditrisikobetrag entspricht dies einem Renditeanspruch von 0,85 %.

Unternehmen Kreditrisikobetrag 1.500		RW	Geb. Kernkapital (KKQ 5%)	Ergebnisanspruch v. St.* (24 % v. St. = 15 % n. St.; 7 % Anlagenutzen)	Renditeanspruch in % des Kreditrisikobetrages
	Grundsatz I	100 %	75	12,75	0,85 %
				*[=RW*0,05*(0,24-0,07)]	
	Basel II Standardansatz	Externes Rating	RW	Geb. Kernkapital (KKQ 5%)	Ergebnisanspruch v. St.* (24 % v. St. = 15 % n. St.; 7 % Anlagenutzen)	Renditeanspruch in % des Kreditrisikobetrages
		AAA bis AA-	20 %	15	2,55	0,17 %
		A+ bis A-	50 %	37,5	6,38	0,43 %
		BBB+ bis BB- / ohne Rating	100 %	75	12,75	0,85 %
		Schlechter BB-	150 %	112,5	19,13	1,28 %

Abbildung 13: Eigenkapitalkosten nach Grundsatz I und Baseler Standardansatz

Bei Anwendung des Baseler Standardansatzes ergeben sich – zumindest theoretisch – entsprechend der Schuldnerbonität differenzierte Eigenkapitalkosten. Diese liegen bei Schuldnern von sehr guter Bonität bei 0,17 % des Kreditrisikobetrages, bei Kreditnehmern von schlechter Bonität belaufen sie sich auf 1,28 %. Geht man davon aus, dass bei deutschen Kreditinstituten nur ein verschwindend geringer Teil der Kreditnehmer über ein externes Rating verfügen und für das Gros der unternehmerischen Schuldner dementsprechend unverändert ein Risikogewicht von 100 % zum Ansatz kommt, so sind bei Anwendung des Standardansatzes gegenüber der Grundsatz I-Regelung wahrscheinlich keine Änderungen bei den anzusetzenden Eigenkapitalkosten zu verzeichnen.

Wird das regulatorische Eigenkapital hingegen nach einem IRB-Ansatz bestimmt, so ergeben sich für den Unternehmenskredit über 1.500 Euro mit einer Laufzeit von 3 Jahren und einem angenommenen Verlust bei Ausfall (LGD) von 50 % deutlich differenziertere Ergebnisansprüche (vgl. Abbildung 14). Vor allem für die schlechteren Bonitäten lassen sich dabei deutlich höhere Ergebnisansprüche auf das gebundene Kernkapital als nach Grundsatz I oder nach Standardansatz feststellen. Bei einem hier angenommenen sechsstufigen internen Rating-System mit zugeordneten Ausfallwahrscheinlichkeiten von 0,03 % bis 20 % liegen die auf den EAD bezogenen Renditeansprüche zwischen 0,12 % und 5,31 %. Der Spread zwischen den Renditeansprüchen beträgt damit 5,19 %-Punkte gegenüber 1,11 %-Punkten beim Standardansatz.

				RW	Geb. Kernkapital (KKQ 5%)	Ergebnisanspruch v. St.* (24 % v. St. = 15 % n. St.; 7 % Anlagenutzen)	Renditeanspruch in % des EAD
LGD 50% Laufzeit 3 Jahre		Grundsatz I		100 %	75	12,75	0,85 %
Unternehmen EAD 1.500	Basel II IRB-Ansatz				*[=RW*0,05*(0,24-0,07)]		
		Internes Rating	PD	RW	Geb. Kernkapital Basisansatz	Ergebnisanspruch v. St.* (24% v.St. = 15% n.St.; 7 % Anlagenutzen)	Renditeanspruch in % EAD
		1	0,03 %	14 %	10,5	1,79	0,12 %
		2	0,2 %	45 %	33,75	5,74	0,38 %
		3	0,7 %	100 %	75	12,75	0,85 %
		4	1,0 %	125 %	93,75	15,94	1,06 %
		5	5,0 %	331 %	248,25	42,20	2,81 %
		6	20 %	625 %	468,75	79,69	5,31 %

Abbildung 14: Renditeansprüche auf Risikokapital nach dem IRB-Ansatz für Unternehmen

Auch die Anwendung des IRB-Ansatzes für Privatkundenkredite führt für einen Kredit in Höhe von 1.500 Euro mit einem LGD von 50 % zu einer stärkeren Spreizung der Renditeforderungen. Aufgrund der im Vergleich zum IRB-Ansatz für das Nicht-Privatkunden-Portfolio niedrigeren Benchmark-Risikogewichte fallen die Renditeansprüche jedoch durchweg geringer aus und der Rendite-Spread beläuft sich „nur" auf 4,02 %-Punkte (vgl. Abbildung 15).

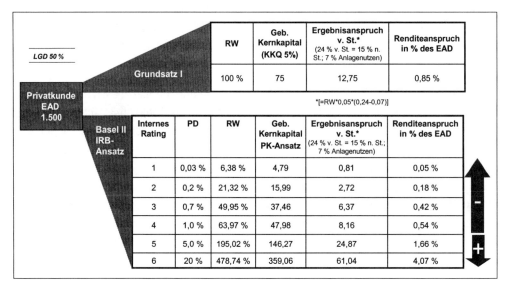

Abbildung 15: Renditeansprüche nach dem IRB-Ansatz für Privatkunden

Insgesamt wird bei Anwendung des IRB-Ansatzes der Differenzierungsgrad der Ergebnisansprüche und die Höhe der zu beobachtenden Rendite-Spreads von der Ausfallwahrscheinlichkeit der Gegenpartei, der Anzahl der internen Rating-Klassen, der Höhe des LGD und – bei Anwendung des fortgeschrittenen IRB-Ansatzes – zusätzlich von der effektiven Restlaufzeit der Forderung abhängen.

Bei einer Laufzeit von über drei Jahren ergeben sich im fortgeschrittenen IRB-Ansatz – hier bei Anwendung der Mark to Market-Methode – im Vergleich zum IRB-Basisansatz durchweg höhere Renditeansprüche und der Spread zwischen den Sätzen bei bester (0,27 %) und schlechtester Bonität (5,31 %) verringert sich von 5,19 auf 5,04 %-Punkte (vgl. Abbildung 16). Bei einer Restlaufzeit von unter 3 Jahren verhält es sich genau umgekehrt – die Renditeansprüche liegen durchweg unter den Werten bei 3-jähriger Restlaufzeit und der Spread der Ansprüche bei bester (0,04 %) und schlechtester Bonität (5,28 %) erhöht sich noch auf 5,24 %-Punkte. Bemerkenswert ist auch die Tatsache, dass bei Forderungen von bester Bonität der Renditeanspruch für eine Forderung von langer Laufzeit knapp sieben mal so hoch ist wie der für ein kurzfristiges Engagement, während bei schlechter Bonität die Laufzeit aufgrund des LGD-Caps kaum Einfluss auf den Renditeanspruch hat. Dies bedeutet, dass bei lang laufenden Krediten gute im Vergleich zu schlechten Bonitäten extrem benachteiligt werden.

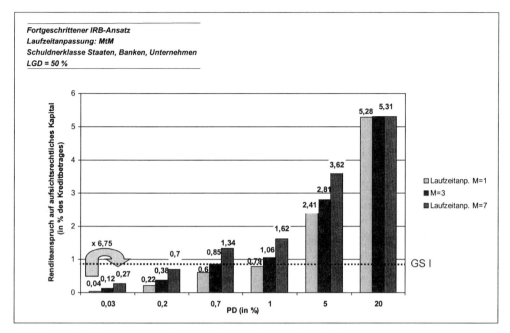

Abbildung 16: Differenzierung der Renditeansprüche bei Laufzeitanpassung

Bei einer zusammenfassenden Gegenüberstellung der sich bei Anwendung verschiedener Unterlegungsverfahren ergebenden Aufschläge für Standard-Risiko- und Eigenkapitalkosten auf den Markteinstandszins und die Betriebskosten lassen sich mehrere Schlussfolgerungen im Hinblick auf die Höhe der zukünftigen Kreditkonditionen ziehen (vgl. Abbildung 17). Grundsätzlich wird es durch die neue Baseler Eigenkapitalvereinbarung zu einer verstärkten Spreizung der Kreditkonditionen kommen.[1] Dies kann dabei zunächst darauf zurückgeführt werden, dass Banken in Abhängigkeit von der Bonität des Kunden gegenüber der derzeit gültigen Regelung differenziertere Standard-Risikokosten in den Kreditkonditionen berücksichtigt werden. Darüber hinaus ist eine weitere Differenzierung der Kreditkonditionen zu vermuten, weil auch die Renditeforderungen auf das aufsichtsrechtlich gebundene Kernkapital mit abnehmender (zunehmender) Bonität der Kreditnehmer steigen (sinken). Gegenüber dem Status quo werden damit Kunden von guter Bonität entlastet, während es bei Kreditnehmern von schlechterer Bonität zu deutlichen Mehrbelastungen kommt. Der Differenzierungsgrad der Kreditkonditionen hängt dabei von den Ausfallwahrscheinlichkeiten der Kreditnehmer, die an die jeweiligen Rating-Klassen gekoppelt sind, der Anzahl der internen Bonitätsstufen sowie von der Besicherung und der Laufzeit der einzelnen Engagements ab.

---

[1] Vgl. *Heinke, E. (2001)*, S. 174.

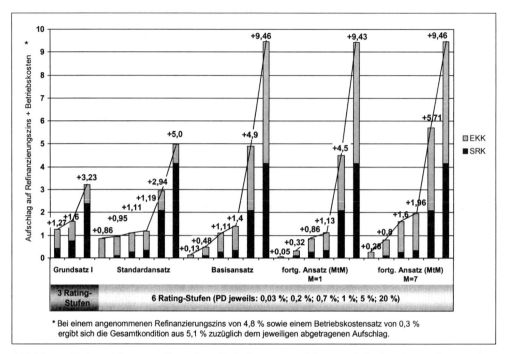

Abbildung 17: Auswirkungen alternativer Unterlegungsverfahren auf die Spreizung der Kreditkonditionen

Die aufgezeigten Auswirkungen haben selbstverständlich noch vorläufigen Charakter. Zwar wird die grundsätzliche Aussage (stärkere Differenzierung der Kreditkonditionen) weiterhin Gültigkeit behalten - die tatsächliche absolute Höhe der Aufschläge und die endgültige Konditions-Bandbreite zwischen guten und schlechten Bonitäten insbesondere für die Eigenkapitalkosten wird jedoch von der letztendlichen Kalibrierung der Risikogewichte abhängen.[1]

III. Konsequenzen von Basel II für Banken, Kreditnehmer und Aufsicht

Nachdem die aus Basel II resultierenden Änderungen im Hinblick auf die Kreditkonditionen untersucht wurden, sollen im Folgenden die daraus resultierenden Konsequenzen für die einzelnen Marktteilnehmer analysiert werden.

---

[1] So wird die beabsichtigte Abflachung der Risikogewichtungsfunktionen im Hinblick auf die schlechteren Bonitäten zu einer entsprechenden Reduzierung der Differenz des Konditionenbausteins „Eigenkapitalkosten" zwischen Kreditnehmern guter und schlechter Bonität führen. So liegen bspw. die Aufschläge für die Eigenkapitalkosten bei einem Unternehmenskredit mit LGD 50% und einer Laufzeit von 3 Jahren nun zwischen 0,15 % bei bester Bonität und 3,19 % bei schlechter Bonität (gegenüber vorher 0,12 % bzw. 5,31 %).

Da **Banken** künftig bei der angestrebten IRB-Lösung alle kreditsuchenden Unternehmen und Privatpersonen einem internen Rating bzw. einer Segmentierung unterziehen müssen, werden sich die entsprechenden Methoden der Bonitätsevaluierung entsprechend weiterentwickeln. Mit den exakteren Methoden der Risikostatusmessung einher geht eine zunehmende Risikotransparenz im Wettbewerb der Banken sowie eine risikobewusstere und zeitnähere Kalkulation der Risikoprämien. Die erheblichen Investitionen in die internen Rating-Systeme lohnen sich allerdings nur dann, wenn durch die IRB-Verfahren entsprechende Anreize gegenüber dem Standardverfahren in Form von Einsparungen beim unterlegungspflichtigen Eigenkapital zu erwarten sind. Hier ist die Bankenaufsicht gefordert, die richtigen Anreize durch entsprechende Nachjustierung der Regelungen herzustellen. Mit der weiteren Verbreitung und Anerkennung von Ratings eröffnet sich den Banken die Möglichkeit, mit strategischen Beratungsleistungen rund um das Rating ein neues Geschäftsfeld zu erschließen. Ein Beispiel hierfür stellt die im Juni 2001 als Tochterunternehmen der HypoVereinsbank gegründete HVB Rating Advisory GmbH dar, welche sich als Beratungs-Gesellschaft darauf spezialisiert hat, Unternehmen, die ein Rating durch eine international anerkannte Rating-Agentur anstreben, auf ihrem Weg beratend zu unterstützen. Dabei tritt sie als Rating Advisor auf, der mit seinen spezifischen Kenntnissen das jeweilige Unternehmen bestmöglich auf den Rating-Prozess und auf die Anforderungen der Rating-Agentur vorbereitet mit dem Ziel, ein für das Unternehmen optimales Rating zu erreichen.[1]

Neben dem erheblichen Kostenaufkommen zur (Fort-)Entwicklung der internen Rating-Systeme und der anforderungsgerechten Ausgestaltung der Prozesse und Strukturen bewirkt Basel II – unter der Voraussetzung, das die notwendige Neukalibrierung vorgenommen wird und IRB-Ansätze zu einer Eigenkapitalentlastung gegenüber dem Standardansatz führen – vor allem auch aufsichtsrechtliche Anreize zur aktiven Portfoliosteuerung. Eine effiziente Portfoliosteuerung wird zukünftig auch aufsichtsrechtlich honoriert durch Ansatz geringerer Risikogewichte bei guten Bonitäten, Anerkennung einer Vielzahl an Besicherungsformen und einem Bonus bei Kreditportfolios von feiner Granularität. Weiterhin werden die Institute bestrebt sein, künftig Firmenkunden mit einem Rating von A- und besser bzw. einer Ausfallwahrscheinlichkeit von unter 0,7 % zu gewinnen, um bei gleichen verfügbaren Eigenmitteln durch die Eigenkapitalentlastung dieser Positionen gegenüber dem Grundsatz I das Geschäftsvolumen ausdehnen zu können.

Eine Aufstockung der Eigenmittel zur Abdeckung eventuell erhöhter aufsichtsrechtlicher Eigenkapitalerfordernisse wäre insbesondere bei Sparkassen aufgrund der öffentlichen Trägerschaft mit erheblichen Problemen verbunden. So hat in den Jahren 1986 bis 1998 das Eigenkapital bei den Kreditbanken im Durchschnitt um das 3,5fache zugenommen, während Sparkassen ihr Eigenkapital lediglich um gut das 2,5fache steigern konnten (vgl. Abbildung

---

[1] Vgl. *HVB Rating Advisory (2001)*, S. 23.

18). Bei einer Erhöhung der aufsichtsrechtlichen Eigenkapitalanforderung, zu der es nach jetzigem Stand der Untersuchung des Baseler Ausschusses käme, müsste bei beschränktem Eigenkapital das Kreditvolumen in Abhängigkeit von der Bonitätsstruktur des Kreditportfolios unter Umständen erheblich eingeschränkt werden. Betrachtet sei beispielsweise ein Institut mit einem aufsichtsrechtlichen Eigenkapital in Höhe von 50 Mio. Euro. Setzt man nach derzeitigem Grundsatz I ein einheitliches Risikogewicht von 100 % an, ist das maximal ausleihbare Kreditvolumen der Bank, gemessen am Volumen der risikogewichteten Aktiva auf 625 Mio. Euro beschränkt (= 50 Mio. Euro / (100 % * 8 %)). Hätte die Bank ausschließlich Kunden mit einer (durchschnittlichen) Ausfallwahrscheinlichkeit von 0,7 % im Portfolio, so könnte das Kreditvolumen beibehalten werden, da für Unternehmenskredite mit einer PD von 0,7 % ein Bonitätsgewicht von 100 % – wie im Grundsatz I – verbunden ist. Bestünde das Kreditportfolio der Bank hingegen nur aus Unternehmenskunden sehr guter Bonität (externes Rating AAA bzw. intern ermittelte Ausfallwahrscheinlichkeit 0,03 %), so ergäbe sich ein maximales Kreditvolumen von 3.125 Mio. Euro nach Standardansatz (= 50 Mio. Euro / (20 % * 8 %)) bzw. von 4.464 Mio. Euro nach IRB-Basisansatz (=50 / (14 %*8 %)). Das Kreditvolumen ließe sich also auf das fünffache bzw. das gut siebenfache ausdehnen. Im umgekehrten Fall jedoch, wenn das Portfolio der Bank sich nur aus Unternehmenskunden mit einem Rating von B bzw. einer internen Ausfallwahrscheinlichkeit von 5 % zusammensetzt, verringert sich das maximale Kreditvolumen um 33 % auf nur noch 417 Mio. Euro nach Standardansatz (=50 Mio. Euro / (150 % * 8 %)) bzw. um 70 % auf 188 Mio. Euro (=50 Mio. Euro / (331,38 % * 8 %)) nach IRB-Basisansatz.

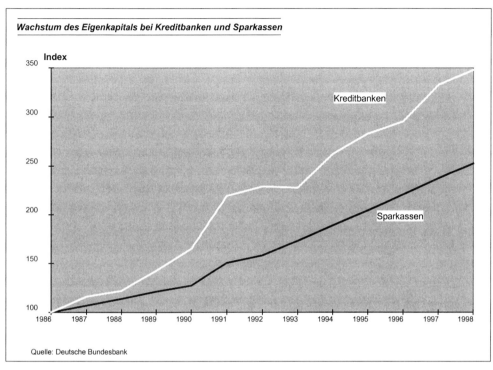

Abbildung 18: Wachstum des Eigenkapitals bei Kreditbanken und Sparkassen im Vergleich

Auf Seiten der **Kreditnehmer** wird sich für Unternehmen mit einer durchschnittlichen Bonität (Ausfallwahrscheinlichkeit von 0,7 %) grundsätzlich keine wesentliche Änderung ihrer Kreditkondition ergeben. Eine Veränderung des Kreditpreises wird sich hier lediglich aufgrund möglicher Verbesserungen der internen Risikomessmethoden ergeben, die zu einer differenzierteren Messung der Standard-Risikokosten oder zu einer Anpassung der Betriebskosten führen. Kreditnehmer mit überdurchschnittlicher Bonität können aufgrund ihres guten internen (oder externen) Ratings auf eine geringfügige Absenkung ihrer Finanzierungskosten hoffen.

Für Unternehmen von schlechter Bonität existiert keinerlei Anreiz, sich überhaupt einem Rating, ob intern oder extern, zu unterziehen, da sich die entsprechenden Risikogewichte dadurch nur erhöhen würden. Für sie besteht vielmehr der Anreiz, bei Instituten, die den Standardansatz anwenden, einen Kredit zu – auf dem Risikogewicht von 100 % basierenden – vergleichsweise günstigeren Konditionen zu bekommen. Daraus resultiert die Gefahr der Konzentration bonitätsmäßig schlechter Kreditnehmer bei den das Standardverfahren anwendenden Instituten. Aufgrund der aufgezeigten Ergebnisse bei der Analyse der Auswirkungen von Basel II auf die einzelnen Konditionenbausteine (vgl. Abbildung 17) ergibt sich die Gefahr, dass Kreditnehmer mit einer hohen Ausfallwahrscheinlichkeit bei Anwendung der IRB-Ansätze eventuell Schwierigkeiten bekommen könnten, Kredite zu noch bezahlbaren Konditionen zu erhalten. In diesem Zusammenhang wird in der allgemeinen Diskussion die Frage aufgeworfen, ob der Staat durch Auflage zinsgünstiger Förderprogramme eine Hemmung der volkswirtschaftlichen Innovationskraft verhindern müsste.

Da der Erhalt eines internen Ratings mit höheren Informationspflichten auf Kreditnehmerseite verbunden sein wird, ist ein aktiveres und regelmäßigeres Zugehen auf das Kreditinstitut von Seiten des Kreditnehmers erforderlich. Andererseits bietet das Rating für den Kreditnehmer bei einem gewissen Maß an Offenlegung durch das Institut auch die Möglichkeit eines Feedbacks, da es auf Schwachstellen und Optimierungspotenziale hinweisen kann. Dies ist dann auch die Basis für eine Verbesserung des Ratings und damit einer Reduktion der Finanzierungskosten.

Grundsätzlich erscheint problematisch, dass externe Ratings sich für kleinere Unternehmen in der Regel nicht lohnen und diese damit von der risikodifferenzierenden Methodik des Standardansatz ausgenommen würden. Dies ist darauf zurückzuführen, dass die Kosten des externen Ratings die möglichen Einsparungen bei den Finanzierungskosten bei überdurchschnittlich guter Bonität für viele der kleinen und mittleren Unternehmen übersteigen dürften. Dies zeigt eine grobe Beispielrechnung der KfW.[1] Dabei wird davon ausgegangen, dass der Zinsvorteil durch ein Rating mittelfristig auf die Konditionen aller zinspflichtigen Verbindlichkeiten übertragen wird, dass das Verhältnis der Verbindlichkeiten zum Umsatz durchschnittlich ca. 33 % beträgt und dass etwa ein Drittel aller Unternehmen in einer Umsatzklasse ein gutes Rating erwarten kann. Bei einem Zinsvorteil durch das Rating von 0,25 % p.a. und durchschnittlichen jährlichen Rating-Kosten von 7.500 Euro (bzw. 10.000 Euro) ergibt sich eine Umsatzgrenze, ab der sich ein externes Rating für ein Unternehmen betriebswirtschaftlich rechnet, von 9 Mio. Euro (bzw. 12 Mio. Euro). Dies träfe jedoch nur auf 15.000 (=0,5 %) (bzw. 9.000 = 0,3 %) der deutschen Unternehmen zu. Während sich demnach bei großen Unternehmen durch externe Ratings die Finanzierungskosten senken lassen oder die Ratings bei alternativen Finanzierungsformen (z. B. Anleihefinanzierung) eingesetzt werden können, lohnt sich für kleinere Unternehmen ein externes Rating aus finanzieller Sicht nicht. Eine weitere Benachteiligung, resultiert daraus, bei zu undifferenzierten Rating-Systemen, die nicht auf die Spezifika der Unternehmensstrukturen abstellen, bei kleineren Unternehmen unter Umständen von vornherein höhere Risiken unterstellt werden. Dies wird neben der häufig schlechteren Ausprägung quantitativer Faktoren, wie z. B. der Eigenkapitaldecke, vor allem an den weichen Faktoren, wie z. B. der generellen Problematik bei Ausfall eines Managers oder den generell geringeren Diversifizierungsgraden, festgemacht. In diesem Punkt ist es erforderlich, spezielle Rating-Systeme für kleinere Unternehmen zu entwickeln, welche die spezifischen Merkmale

---

[1] Vgl. *KfW (2000)*.

dieser Unternehmen adäquat berücksichtigen und beim Rating auf andere Faktoren als bei etablierten und Großunternehmen abstellen.

Die **Bankenaufsicht** und speziell der Baseler Ausschuss hat bei einer Reihe Punkten noch Nachbesserungsbedarf, um sicherzustellen, dass das angestrebte Ziel (Annäherung von aufsichtsrechtlichem und ökonomischem Kapitalbedarf bei gleichzeitiger Förderung der Sicherheit und Stabilität des Finanzsystems) auch tatsächlich erreicht werden. Nachfolgend sollen nur einige essentielle Punkte aufgegriffen werden.

Hier ist zunächst die Neukalibrierung der Parameter beim IRB-Ansatz zu nennen.[1] Die Risikogewichte nach den IRB-Risikogewichtungsfunktionen sind generell zu hoch und überzeichnen das ökonomische Risiko, insbesondere in den schlechten Rating-Stufen, um ein Vielfaches. Dies ist unter anderem darauf zurückzuführen, dass sowohl der erwartete als auch der unerwartete Verlust durch regulatorisches Eigenkapital abgedeckt werden sollen und darüber hinaus in die Risikogewichte eine Vielzahl weiterer Sicherheitspuffer, Abschläge und Mindestbelastungen einfließen. Insgesamt entsteht auf diese Weise gewissermaßen ein „Worst-worst-case"-Szenario.

Weiterhin ist die Vorgehensweise bei der Granularitätsanpassung kritisch zu hinterfragen.[2] Zum einen ist anzumerken, dass lediglich das Klumpenrisiko, nicht jedoch Diversifikationseffekte bei der Anpassung des Betrages der Eigenkapitalunterlegung berücksichtigt werden. Weiterhin erscheint fragwürdig, warum ein Granularitätsbonus in Form eines Abschlages auf den Basisbetrag der risikogewichteten Aktiva lediglich in Höhe von maximal 4 % des Basisbetrages zulässig ist, während ein Aufschlag wegen einer im Vergleich zum Benchmarkportfolio geringen Granularität des Kreditportfolios in theoretisch unbegrenzter Höhe veranschlagt werden kann.

Auch die Ausgestaltung der Laufzeitanpassung beim fortgeschrittenen IRB-Ansatz ist problematisch. Wie bereits dargestellt (vgl. Abbildung 16), ergibt sich bei Kreditnehmern guter Bonität für lang laufende Kredite gegenüber einem Einjahreskredit eine Eigenkapitalunterlegung in sechsfacher Höhe. Dies sieht insbesondere der deutsche Mittelstand als Problem, da die deutsche Unternehmensfinanzierung durch längerfristige Kredite geprägt ist. Insofern würde sich hier ein Wettbewerbsnachteil gegenüber den Ländern ergeben, die eine kurzfristige Finanzierungsstruktur aufweisen, wie bspw. Großbritannien und den USA.

In Bezug auf die Behandlung von Sicherheiten beim Standardansatz und IRB-Basisansatz ist zu konstatieren, dass allein durch die Einschränkung der anerkennungsfähigen Sicherheiten

---

[1] Der Baseler Ausschuss hat hier inzwischen schon entsprechend reagiert und modifzierte Risikogewichtungsfunktionen für Unternehmen und Privatkunden entwickelt. Vgl. hierzu *Basel Committee on Banking Supervision (2001b)*, S. 2ff.
[2] Auch hier ist inzwischen eine Tendenz zu beobachten, dass von einer Granularitätsanpassung abgesehen werden soll. Vgl. *DSGV (2001)*.

auf finanzielle Sicherheiten bestimmte Instrumente, die zur Minderung des ökonomischen Risikos beitragen, aufsichtsrechtlich nicht anerkannt werden.[1] Der Kreis der anerkannten Sicherheiten sollte sich nicht nur auf im Wesentlichen Finanzinstrumente beschränken, sondern auf alle banküblichen Sicherheiten ausgedehnt werden. Weiterhin bewirkt der bei Standard- und IRB-Basisansatz anzusetzende w-Faktor eine Doppelerfassung von Risiken, insbesondere des operational Risk.

Fazit

Im vorstehenden Beitrag wurden die Auswirkungen von Basel II auf die Konditionen im Kreditgeschäft untersucht. Als Ergebnis lässt sich festhalten, dass es gegenüber Status quo aufgrund der Komponenten „Standard-Risikokosten" und „Renditeanspruch auf das aufsichtsrechtlich gebundene Kapital" zu einer stärkeren bonitätsabhängigen Differenzierung der Kreditkonditionen kommen wird. Die Auswirkungen von Basel II auf die Höhe der Betriebskosten sind hingegen äußerst schwierig abzuschätzen. Bei den Engagements schlechter Bonität wird es somit zu einer Verteuerung der Kreditversorgung kommen, während Kreditnehmer überdurchschnittlich guter Bonität mit einer Entlastung rechnen können. Letztendlich können zukünftig durch ein stärker als bisher risikoorientiertes Pricing Quersubventionierungen vermieden werden. Durch Lenkung der begrenzten Ressource Eigenkapital in die produktivste Verwendungsrichtung wird damit eine Steigerung der gesamtwirtschaftlichen Wohlfahrt unterstützt.[2]

Literaturhinweise

Arnold, W., Boos, K. H. (2001): Basel II - Einzel- und gesamtwirtschaftliche Aspekte, in: Die Bank, o. Jg., 10/2001, S. 712-715.

Basel Committee on Banking Supervision (Hrsg.) (2001a): Die Neue Eigenkapitalvereinbarung, Basel 1/2001, (Übersetzung der Deutschen Bundesbank).

Basel Committee on Banking Supervision (Hrsg.) (2001b): Potential Modifications to the Committee's Proposals, Basel 11/2001.

Boos, K. H., Schulte-Mattler, H. (2001a): Credit Risk Mitigation Techniques im IRB-Ansatz, in: Die Bank, o. Jg., 7/2001, S. 470-477.

---

[1] In diesem Punkt hat der Baseler Ausschuss inzwischen ebenfalls eingelenkt. Beim IRB-Ansatz sollen auch physische Sicherheiten durch Reduktion des LGD anerkannt werden. Vgl. *Basel Committee on Banking Supervision (2001b)*, S. 3.
[2] *Arnold, W., Boos, K. H. (2001)*, S. 714 f.

Boos, K. H., Schulte-Mattler, H. (2001b): Credit Risk Mitigation Techniques in der Standardmethode, in: Die Bank, o. Jg., 6/2001, S. 416-424.

DSGV (Hrsg.): Kernforderungen des DSGV zur Überarbeitung der Baseler Eigenkapitalübereinkunft (Basel II), 19.11.2001.

Goebel, R. (2001): Basel II und seine Folgen für die Sparkassen-Finanzgruppe und ihre Kunden, in: Hofmann, G. (Hrsg.), Auf dem Weg zu Basel II: Konzepte, Modelle, Meinungen, Frankfurt a. M. 2001, S. 83-104.

Heinke, E. (2001): Basel II und seine Bedeutung für die mittelständische Wirtschaft, in: ZfgK, 54. Jg., 2001, S. 174-178.

HVB Rating Adisory (Hrsg.) (2001): Ein Informationsleitfaden zum Thema Rating / Rating Adivsory, München 2001.

KfW (Hrsg.) (2000): Ratings, Basel II und die Finanzierungskosten von KMU, in: KfW (Hrsg.), KfW-Beitragsreihe „Mittelstands- und Strukturpolitik", Nr. 16, März 2000, S. 21-30.

Krahnen, J. P. (2000): Internes Rating, in: Handwörterbuch der Finanzwirtschaft 2000 (forthcoming), Fassung vom 16. Mai 2000.

Rolfes, B. (2001): Steuerung des Kreditrisikos im Dualen Steuerungsmodell, in: Rolfes, B., Schierenbeck, H. (Hrsg.), Ausfallrisiken - Quantifizierung, Bepreisung und Steuerung, Frankfurt a. M. 2001, S. 1-28.

Rolfes, B., Emse, C. (2001): Interne Rating-Verfahren zur Bonitätsklassifizierung, in: DStR, 52. Jg., 8/2001, S. 316-324.

Schierenbeck, H. (1999): Ertragsorientiertes Bankmanagement, Band I: Grundlagen, Marktzinsmethode und Rentabilitäts-Controlling, 6. Auflage, Wiesbaden 1999.

Wilkens, M., Baule, R., Entrop, O. (2001): Basel II - Berücksichtigung von Diversifikationseffekten im Kreditportfolio durch das Granularity Adjustment, in: ZfgK, 54. Jg., 12/2001, S. 670-676.

Das Aufgabenpaket der Kreditinstitute zur praktischen Umsetzung von Basel II

Dr. Andreas Rinker

Geschäftsführender Partner
zeb/rolfes.schierenbeck.associates

I. Basel II – Anforderungen an die deutschen Banken und Sparkassen

Der Bankenmarkt steht risikopolitisch vor großen Herausforderungen. Die steigende Verschuldung privater und öffentlicher Haushalte sowie eine zunehmende Anzahl an Unternehmensinsolvenzen haben nicht nur den Risikogehalt des Bank- bzw. Kreditgeschäfts inzwischen einer breiten Öffentlichkeit transparent gemacht, sondern gerade in jüngster Zeit auch deutliche Spuren in den Gewinn- und Verlustrechnungen der deutschen Kreditwirtschaft hinterlassen und damit zur Verschärfung der Ertragskrise im Bankensektor beigetragen.

Mit dieser Entwicklung – und natürlich auch infolge des methodisch inzwischen weithin akzeptierten Einsatzes von Value-at-Risk-Ansätzen zur Messung von Kreditrisiken – haben sich auch die Anforderungen an die Steuerungssysteme des Bankmanagements drastisch erhöht.

Der Baseler Ausschuss für Bankenaufsicht als zentrale Instanz der internationalen Bankenaufsicht strebt vor diesem Hintergrund an, mit dem Konsultationspapier zur Neuregelung der Eigenkapitalvorschriften für Kreditinstitute die geltenden Eigenkapitalregeln von 1988 grundlegend zu reformieren.[1] Vor dem Hintergrund der Turbulenzen, die das weltweite Finanzsystem Ende der 90er Jahre erlebte, soll damit eine angemessene Erfassung der Risiken im Bankgeschäft ermöglicht und die Solidität des internationalen Finanzsystems gefördert werden.

In Deutschland lassen sich die aufsichtsrechtlichen Anforderungen an bankinterne Steuerungssysteme bereits aus dem im Zuge der 6. KWG-Novelle neu eingeführten § 25a KWG ablesen.[2]

Die aus diesen internationalen wie nationalen Entwicklungslinien mittelfristig zu erwartende, konsequent betriebswirtschaftliche Ausrichtung der Bankenaufsicht macht die Einführung moderner Informations- und Steuerungssysteme zwingend erforderlich. Somit ist die Implementierung einer integrierten Risiko- und Ertragssteuerung für Banken und Sparkassen unumgänglich.

Auf dem Weg hin zu einem betriebswirtschaftlich fundierten und aufsichtsrechtlich (Basel-II)-konformen Risikomanagementsystem ergeben sich eine Reihe von Aufgaben, die es in der Praxis umzusetzen gilt. Nachfolgend sollen diese näher erörtert und die Implikationen für deren Umsetzung beleuchtet werden.[3]

---

[1] *Basle Committee on Banking Supervision (2001).*
[2] Danach muss ein Kreditinstitut „...über geeignete Regelungen zur Steuerung, Überwachung und Kontrolle der Risiken sowie über angemessene Regelungen verfügen, anhand derer sich die finanzielle Lage des Instituts jederzeit mit hinreichender Genauigkeit bestimmen lässt".
[3] Der vorliegende Beitrag beschränkt sich dabei im Wesentlichen auf die Bausteine, die sich im Zusammenhang mit der Kreditrisikosteuerung ergeben. Das Thema operationelle Risiken, welches ebenfalls Bestandteil des Baseler Konsultationspapiers ist, wird nur am Rande behandelt. Vgl. hierzu S. 103.

Ausgehend von einer notwendigen systematischen Analyse der aktuellen Ausgangssituation eines Kreditinstituts und deren Abgleich mit der notwendigen bzw. gewünschten Soll-Situation lassen sich die Aufgabenpakte in zwei inhaltliche Kategorien einteilen:

Den Aufgabenbereich Steuerung und Controlling mit den Modulen Rating, Pricing und Portfoliosteuerung einerseits sowie den Aufgabenbereich Kreditorganisation mit den Dimensionen Aufbauorganisation, Kreditprozesse und Kompetenzen andererseits (vgl. Abbildung 19).

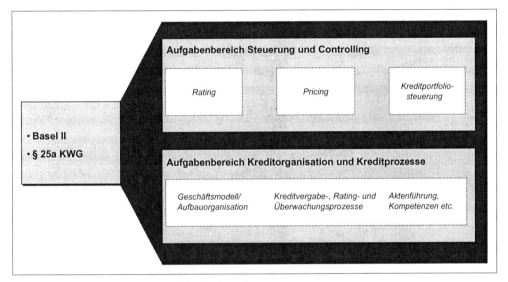

Abbildung 19: Projektmodule und Projektbausteine

II. Aufgabenbereich Steuerung und Controlling: Rating, Pricing und Portfoliosteuerung

Der Aufgabenbereich Steuerung und Controlling von Kreditrisiken umfasst die notwendigen Instrumente und Methoden zur Kreditrisikosteuerung.

1. Rating

Das Management von Kreditrisiken vollzieht sich grundsätzlich auf zwei Ebenen: der einzelgeschäftsbezogenen Vorsteuerung von Kreditrisiken über Risikoprämien sowie der Quantifizierung und zentralen Struktursteuerung des Kreditportfoliorisikos (Credit-Value-at-Risk). Sowohl die Methodik der einzelgeschäftsbezogenen Vorsteuerung von Kreditrisiken über ein entsprechendes Pricing als auch die portfolioorientierte Kreditrisikosteuerung basieren auf einem adäquaten Ratingsystem, welches in der Lage ist, sowohl trennfähige Kreditnehmer-Ratings als auch statistisch ermittelte und überprüfte Ausfallraten zu liefern (vgl. Abbildung 20). Ein bankinternes Ratingsystem stellt somit eine zentrale Voraussetzung für den gesamten Managementprozesses von Kreditrisiken dar.

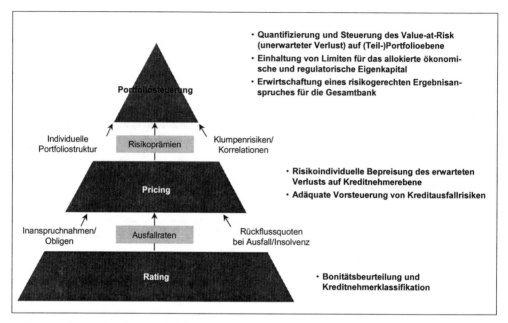

Abbildung 20: Stufen des Kreditrisikomanagementprozesses

Neben der „Zulieferfunktion" der Ausfallraten für die Risikoprämienkalkulation und der Portfoliosteuerung kommen dem Rating weitere wichtige Funktionen im Rahmen des Kreditrisikomanagementprozesses zu. Aus betriebswirtschaftlicher Sicht müssen bankinterne Ratingsysteme vier wesentliche Kernaufgaben erfüllen:

- *Beurteilung der zukünftigen Kapitaldienstfähigkeit* eines Kreditnehmers im Rahmen der bankbetrieblichen Kreditwürdigkeitsprüfung als zentraler Zielsetzung von Ratingsystemen. Die erwartete Kapitaldienstfähigkeit ist dabei die wesentliche Determinante der Kreditnehmer-Bonität.

- *Ermittlung der Ausfallwahrscheinlichkeit des Kreditnehmers:* Zur Ermittlung von Ausfallwahrscheinlichkeiten werden die Kreditnehmer anhand ihrer geschätzten prospektiven Kapitaldienstfähigkeit bzw. Bonität in Ratingklassen eingeteilt. Die Ratingklassen dienen einerseits zur Strukturierung der Risiken im Kreditportfolio, andererseits zur Ableitung ratingklassenbezogener kalibrierter Ausfallwahrscheinlichkeiten. Letztere stellen die Basis der Risikoprämienkalkulation sowie der Quantifizierung erwarteter und unerwarteter Verluste auf Portfolioebene dar.

- *Vorsteuerung des Kreditrisikos* über Mindest-Bonitätsstandards: Gerade bei mittelständischen Kreditnehmern ist eine kurz- bis mittelfristige Auflösung oder Veräußerung kreditrisikobehafteter Engagements derzeit nur eingeschränkt möglich. Der Steuerung von Kreditrisiken bereits im Vorfeld der Kreditvergabe über sog. Cut-off-Points kommt in diesem Segment daher immer noch eine erhebliche Bedeutung zu.

- *Früherkennung und Überwachung* von Bonitätsveränderungen während der Kreditlaufzeit. Die rechtzeitige Abbildung insbesondere von Bonitätsverschlechterungen hilft, Kreditrisiken durch das frühzeitige Einleiten von Gegensteuerungs- und risikokompensierenden Maßnahmen (z. B. Restrukturierung des Engagements, Einholung zusätzlicher Sicherheiten etc.) zu erkennen und zu begrenzen. Die regelmäßige und zeitnahe Neubewertung der Kreditnehmerbonität stellt demnach eine permanente Aufgabe eines bankinternen Ratingsystems dar.

Mit der Entwicklung moderner interner Ratingverfahren wurde in den meisten deutschen Banken bzw. Bankengruppen bereits begonnen. In den mittelständischen Banksektoren – etwa im genossenschaftlichen Verbund und in der Sparkassenorganisation – erfolgt die Entwicklung der internen Ratingsysteme aufgrund der erforderlichen Datenmengen vor allem über die jeweiligen Verbände. Es ist aktuell davon auszugehen, dass innerhalb der nächsten ein bis drei Jahre die wesentlichen Kundensegmente bei der Mehrzahl der Banken durch entsprechende moderne interne Ratingverfahren abgedeckt sind.

Die Hauptaufgabe der Banken selbst besteht vor allem darin, die Integration der Ratingsysteme in das bankbetriebliche Tagesgeschäft vorzubereiten und voranzutreiben. Neben den diesbezüglichen Herausforderungen an ein zeitnahes und professionelles Umsetzungsmanagement mangelt es einer breiten Mitarbeiterschaft sowohl in den Controlling- und erst recht in den Kreditbereichen immer noch an den methodischen Kenntnissen (und damit der Akzeptanz) moderner betriebswirtschaftlicher Verfahren zur Steuerung von Kreditrisiken. Zum Teil zeigt die Beratungspraxis, dass nicht einmal aktuell bereits verfügbare Ratingsysteme für Kreditvergabe- und Konditionierungsentscheidungen sowie die Überwachung von Krediten verwendet werden. Die Existenz einer „Ratingkultur" in den Kreditbereichen ist aber zwingende Voraussetzung für den zielführenden Einsatz der neuen Ratinginstrumente. Diesbezüglich bedarf es neben den im dritten Abschnitt zu diskutierenden aufbauorganisations- und prozessbezogenen Anpassungen vor allem einer erheblichen Investition in Ausbildung und Trainings für die entsprechenden Mitarbeitergruppen.

Darüber hinaus gilt das Hauptaugenmerk der Überprüfung der Ratings für die bedeutendsten Engagements im Kreditportfolio sowie dem Aufbau und der Pflege einer entsprechenden institutseigenen Kreditrisikodatenbank, die Datenreihen bezüglich hausspezifischer Kreditrisikodaten (etwa Branchenvolumina, Bonitätsklassen, Rückzahlungsquoten usw.) historisiert und in der gebotenen Qualität und Aggregation sowohl für interne Controllingzwecke als auch für Analysen und empirische Erhebungen institutsübergreifender Daten verfügbar macht.

2. Pricing

Die ermittelten Ausfallwahrscheinlichkeiten der einzelnen Ratingklassen sind der wesentliche Einflussfaktor für das Pricing, d. h. die Kalkulation kundenspezifischer Risikoprämien. Ziel der Risikoprämienkalkulation ist es, den mit einem bestimmten Geschäft auf Basis der kreditnehmerspezifischen Ausfallwahrscheinlichkeit erwarteten Verlust in Form einer Risikoprämie in der Festlegung der Kundenkondition zu berücksichtigen. Die in der Vergangenheit häufig angewandte lediglich pauschale Berücksichtigung von Risikokosten führt in aller Regel zu fehlerhaften Steuerimpulsen, da Kunden überdurchschnittlicher Bonität übermäßig mit Risikokosten belastet werden, während Kunden schlechterer Bonität über die Durchschnittsbildung subventioniert werden. Dies kann zu einer adversen Selektion führen: Kunden guter Bonität wechseln zu den Kreditinstituten, die an die Kreditnehmerbonität gekoppelte Konditionen anbieten, Kunden schlechterer Bonität bleiben Kunden der Kreditinstitute, die weiterhin eine nicht-risikoadäquate Preiskalkulation durchführen.

Rechnerisch ergibt sich die Risikoprämie eines Einzelgeschäfts aus der multiplikativen Verknüpfung von erwarteter Ausfallwahrscheinlichkeit und erwartetem Verlustbetrag im Insolvenzfall (vgl. Abbildung 21). Risikokosten werden somit per Definition ausschließlich durch die Bonität des spezifischen Kreditnehmers sowie die Charakteristika des spezifischen Geschäftes (Risikogehalt/Volumen/Sicherstellung) determiniert.

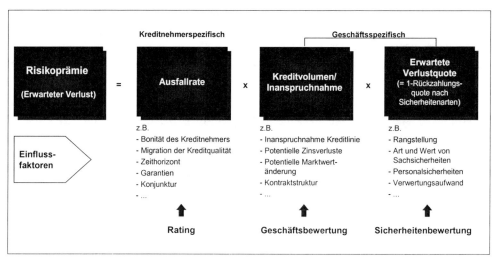

Abbildung 21: Komponenten der Risikoprämienkalkulation

Neben den Kosten für erwartete Verluste ergeben sich zusätzlich Kosten für unerwartete Verluste im Sinne eines Verzinsungsanspruchs auf das Eigenkapital. Diese resultieren aus der ökonomischen Notwendigkeit der Eigenkapitalunterlegung für den Fall des Nichteintreffens der Ausfallwahrscheinlichkeiten. Das Bereithalten von Eigenkapital für unerwartete Verluste verursacht Kosten, die sich auf das einzelne Geschäft herunterbrechen lassen und als sog. Eigenkapitalkosten als zweiter Preisbaustein in die Kundenkalkulation zu integrieren sind (vgl. Abbildung 22).

Die Kosten für unerwartete Verluste entstehen immer dann, wenn Kreditrisiken „gehalten" werden. Werden Kreditrisiken alternativ weitergegeben (z. B. durch entsprechende Sekundärmarkttransaktionen), können lediglich die Kosten für das Hedging des unerwarteten Verlustes (d. h. der Teil der Kosten aus der Sekundärmarkttransaktion, der nicht dem erwarteten Verlust zuzurechnen ist) in Ansatz gebracht werden.

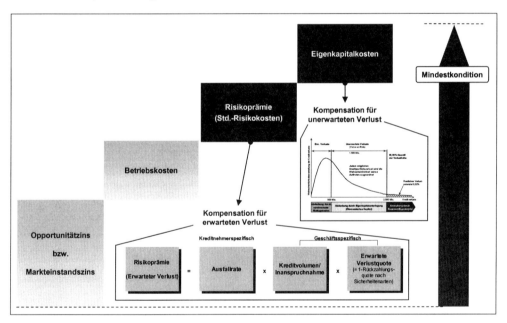

Abbildung 22: Der Einfluss von Kreditrisiken bei der Ermittlung der Mindestkondition

Für die Umsetzung einer risikoorientierten Bepreisung ergeben sich für ein Kreditinstitut folgende wesentlichen Handlungsschritte:

- *Aufbau und Pflege risikoadäquater Konditionentableaus*, die nicht nur pauschale Aufschläge für Kreditrisiken, sondern Risikoprämien nach Ratingstufen differenzieren können

- *Einführung von Pricing-Tools*, d. h. Deckungsbeitragskalkulationen in der Kundengeschäfts-Vorsteuerung, die dem Vertrieb zum jetzigen Zeitpunkt des Geschäftsabschlusses relevante Informationen über barwertige Konditionsbausteine (z. B. auch für Betriebskosten) und die Vorteilhaftigkeit des Geschäftes liefern

- *Ausbildung/Training* von Vertrieb und Controlling hinsichtlich Verständnis und Nutzung der Tools

- *Überprüfung (Nachkalkulation) der bedeutendsten Engagements* mit dem Hintergrund der künftigen Gestaltung des Kreditengagements bzw. der gesamten Kundenverbindung

3. Kreditportfoliosteuerung

Die Bedeutung der Kreditportfoliosteuerung ergibt sich aus der Erkenntnis, dass neben der Krediteinzelentscheidung auch die strukturelle Sicht auf das Portfolio notwendig ist. Nur auf diesem Wege können portfoliobezogene Risiken – wie beispielsweise Klumpenrisiken nach Branchen oder Kreditvolumina – sowie eine existenzgefährdende Akkumulation schlechter Bonitäten frühzeitig erkannt und zielgerichtet gesteuert werden. Einen wesentlichen Einfluss auf die Höhe der portfolioimmanenten Kreditrisiken hat die spezifische Zusammensetzung des Kreditportfolios. Diese konkretisiert sich an den Parametern:

- Bonitätsstruktur,

- Größenklassenstruktur,

- Blankoanteils- und Sicherheitenstruktur,

- Laufzeitenstruktur und

- Branchenstruktur.

Im Rahmen der Kreditportfoliosteuerung wird versucht, die unerwarteten Verluste eines Kreditportfolios abzuschätzen. Operativ liegt die Zielsetzung in der Ermittlung der Wahrscheinlichkeitsverteilung potenzieller Verluste von Kreditportfolios. Eine solche Wahrscheinlichkeitsverteilung ordnet jedem möglichen Kreditportfolioverlust dessen Eintrittswahrscheinlichkeit zu. Verbundbeziehungen bzw. Korrelationen zwischen Kreditnehmern und die hieraus resultierenden Risiken werden dabei modellimmanent berücksichtigt. Die Wahrscheinlichkeitsverteilung macht eine Aussage darüber, wie gut ein Portfolio diversifiziert ist. Aus ihr lässt sich sowohl der erwartete Verlust (= Summe der erwarteten Verluste aller Kreditnehmer des Portfolios) als auch der unerwartete Verlust im Sinne des Value-at-Risk ableiten.

Am Beispiel eines mittelständischen Kreditportfolios (vgl. Abbildung 23) bestehend aus 1.000 mittelständischen Firmenkundenkrediten mit einem Blankovolumen von insgesamt EUR 250 Mio. ergibt sich beispielsweise, dass innerhalb eines Jahres[1] mit einer Wahrscheinlichkeit von 99 % (d. h. in 99 von 100 Jahren) keine Kreditverluste auftreten werden, die höher als EUR 12.207.022 sind und damit den erwarteten Verlust von EUR 3.213.243 um mehr als EUR 8.993.779 übersteigen.[2]

Abbildung 23 zeigt eine für Kreditportfolioverluste charakteristische rechtsschiefe Verteilung. Die ökonomische Ursache dieser Rechtsschiefe beruht darauf, dass Kreditausfälle zwar selten auftreten, dann jedoch zu relativ hohen Verlusten führen können. Die Rechtsschiefe der Verteilung impliziert, dass der erwartete Verlust in mehr als 50 % aller Fälle unterschritten wird. Somit können über Jahre hinweg die realen Verluste für ein Kreditportfolio unter den Verlusterwartungen liegen, in gewissen Jahren jedoch geballt auftreten.

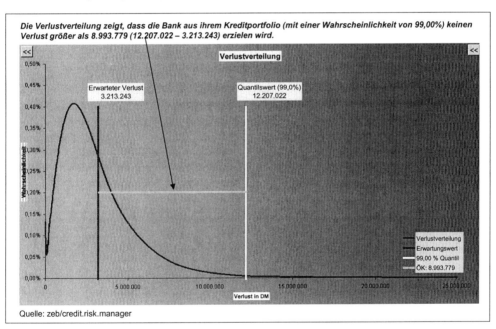

Abbildung 23: Wahrscheinlichkeitsverteilung der Kreditportfolioverluste

Die Modellergebnisse und dabei zentral der Value-at-Risk hängen im Einzelnen von der Zusammensetzung des Portfolios mit seinen spezifischen Größen-, Branchen- und Risikokon-

---

[1] Bei Value-at-Risk-Berechnungen für Kreditrisiken wird in der Regel von einem einjährigen Risikohorizont ausgegangen.
[2] Das Beispiel basiert auf einem realen Kreditportfolio, das anonymisiert und aus Vereinfachungsgründen strukturerhaltend auf die Größe von 250 Mio. EUR normiert wurde. Die Berechnungen wurden mit Hilfe der Software „zeb/credit.risk-manager" durchgeführt. Vgl. hierzu auch *Kirmße, S., Schweizer, S.* (2001).

zentrationen ab. Hieraus ergeben sich verschiedene Hebel, die das Portfoliorisiko beeinflussen können.

Die enorme Bedeutung zum Beispiel von Größenklassenkonzentrationen zeigt sich, wenn man etwa die zehn größten Kredite des Portfolios in jeweils zwei gleich große Tranchen aufteilt und eine Tranche gegen Übernahme von zehn anderen volumen-, rating- und besicherungsgleichen Engagements syndiziert.

Im Ergebnis einer solchen sowohl bzgl. des Gesamtblankovolumens als auch bzgl. des erwarteten Verlustes neutralen Transaktion ergibt sich eine Reduktion des Risikos (Value-at-Risk) von über 13 % (bei einem Konfidenzniveau von 99 %). Dies zeigt das enorme Potenzial, welches im Abbau von Größenkonzentrationen liegen kann und macht deutlich, dass funktionierende Sekundärmärkte auch risikomindernd wirken, auch wenn nicht nur schlechte Risiken abgewälzt werden .

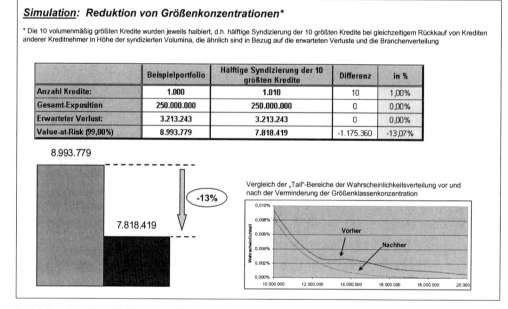

Abbildung 24: Der Einfluss von Größenklassenkonzentrationen auf das Kreditportfoliorisiko

Im Bereich der Kreditportfoliosteuerung gilt es für die Kreditinstitute zunächst, eine entsprechende Steuerungsfunktion im Kredit- bzw. Controllingbereich personell und organisatorisch zu verankern. Analog zum Treasurer des Zins- bzw. Anlagebuches liegt die wesentliche Aufgabe darin, den Engpassfaktor Eigenkapital durch geeignete Portfoliostrategien ertrags- und risikooptimal einzusetzen und vorhandene Risikodeckungsmassen in entsprechende Limite zu zerlegen und zu überwachen. Auf Basis bereits heute verfügbarer Tools lassen sich durch die systematische Analyse der unerwarteten Verluste (Value-at-Risk) sowie der existierenden Konzentrationsrisiken und Diversifikationspotenziale Steuerungsimpulse generieren, die einen enormen Beitrag zur Verbesserung der Ertrags- und Risikorelation im Kreditgeschäft leisten können.

4. Die Implementierung eines Controllingregelkreises

Neben der Implementierung geeigneter Instrumentarien und Methoden zur Messung von Kreditrisiken ist die Schaffung eines Regelkreises zur Steuerung eine weitere wesentliche Aufgabe. Dieser kommt vor allem die Aufgabe zu, die Rationalität der Entscheidungsprozesse durch systematische Planungs- und Kontrollaktivitäten sicherzustellen. Der Regelkreis, der sich aus den Teilprozessen Planung, Vorsteuerung und Kontrolle bzw. Soll-Ist-Vergleich zusammensetzt, ist in nachstehender Abbildung exemplarisch dargestellt. Er soll die Bankleitung bei der Steuerung der Bank unterstützen.

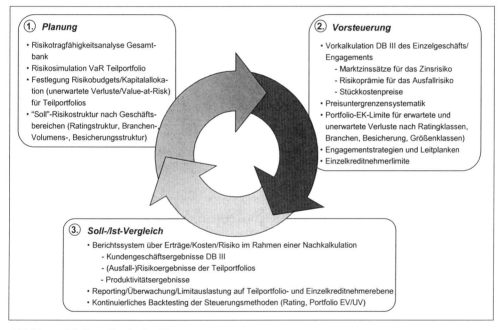

Abbildung 25: Regelkreis der Steuerung

Aufgabe der *Planung* ist es, zum einen verbindliche Ziele für die einzelnen Verantwortungsbereiche der Bank festzulegen und zum anderen im Sinne einer Vorausschau mögliche Entwicklungen der Bank abzuschätzen. Die Planung hat die Formulierung der Ergebnisanforderung und die Bestimmung des Risikolimits auf Gesamtbankebene im Sinne eines Top-down-Ansatzes, die Abschätzung und Prognose der Markt- und damit der Ertragspotenziale im Rahmen des Bottom-up-Ansatzes sowie den Abgleich der beiden Phasen zum Inhalt.

Die *Vorsteuerung* beinhaltet die Vorkalkulation des Einzelgeschäftes als Ausgangspunkt für die Festlegung von Standardkonditionen bzw. die Ableitung von Preisuntergrenzen und somit als Entscheidungsunterstützung und Beurteilungskriterium hinsichtlich der Vorteilhaftigkeit eines konkreten Kundengeschäftes. Darüber hinaus umfasst die Vorsteuerung sowohl die Vorgabe des Risikoergebnisses als auch die Formulierung von Risikolimitsystemen.

Der *Soll-Ist-Vergleich* ermöglicht durch eine systematische Gegenüberstellung von realisierten Ist- und geplanten Zielwerten die Überprüfung, inwiefern die gesetzten Ziele für die Planungsperiode erreicht wurden. Eine regelmäßige Kontrolle im Rahmen einer Nachkalkulation ist Voraussetzung für die Identifikation von Fehlentwicklungen und das rechtzeitige Gegensteuern sowie Ausgangsbasis zukünftiger Planungsprozesse.

Auch bezüglich der innerhalb des Regelkreises zu schaffenden Zuständigkeiten, Rollenverständnisse und Prozesse besteht zum Teil erheblicher Nachholbedarf. Der hiermit angesprochenen organisatorischen Dimension der bislang stark methodengetriebenen Diskussion muss erhebliche Aufmerksamkeit gewidmet werden, sonst – so zeigen praktische Erfahrungen immer wieder – lassen sich die Investitionen in Instrumente und Know-how kaum amortisieren.

III. Aufgabenbereich Implementierung: Anpassung Aufbauorganisation und Kreditprozesse

1. Überblick über die zukünftigen organisatorischen Rahmenbedingungen

Neben den Methoden und Instrumenten zur Identifikation, Messung und Steuerung der Adressausfallrisiken bedarf es einer verbindlichen Verankerung von qualitativen Mindeststandards für die Art und Weise, wie Kreditgeschäft zukünftig betrieben werden soll.

Zwar trifft das Basler Konsultationspapier selbst keine explizite Aussage zu den zukünftigen Mindestanforderungen an die Kreditorganisation, jedoch bedarf es schon zur praktischen Umsetzung der von Basel II geforderten Instrumente einer entsprechenden organisatorischen Ausrichtung. Zudem ergeben sich insbesondere aus Diskussionspapieren des BAKred sehr konkrete Hinweise, in Anlehnung an die Mindestanforderungen an das Betreiben von Handelsgeschäften (MaH) Mindestanforderungen für die Organisationsgestaltung im Kreditgeschäft (sog. „MaK") in naher Zukunft verbindlich festzulegen. Zum Teil sind derartige Regelungen schon im Vorgriff von Prüfungsverbänden einzelner Sektoren als Richtlinien aufgenommen.

MaH-analoge Prinzipien werden so auch die zukünftige aufbau- und ablauforganisatorische Ausgestaltung des Kreditgeschäftes der Banken und Sparkassen wesentlich beeinflussen. Im Kern sind dabei folgende prägende Elemente umzusetzen (vgl. Abbildung 26):

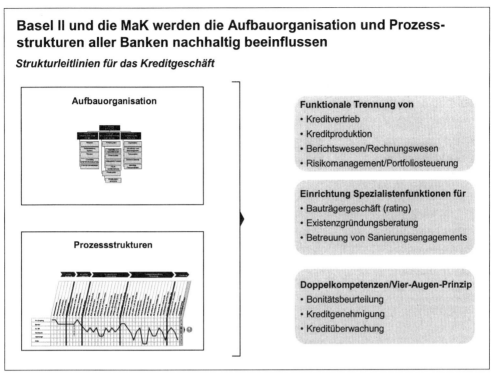

Abbildung 26: *Strukturleitlinien für das Kreditgeschäft*

- Funktionale Trennung von Kreditvertrieb, Kreditproduktion, Kreditüberwachung und dem Risikomanagement

- Errichtung von Doppelkompetenzen als wesentliches Ausgestaltungsmerkmal der Funktionstrennung

- Einrichtung von Spezialistenfunktionen für besondere (risikobehaftete) Kreditgeschäfte

2. Funktionstrennung als prägendes Merkmal der Organisation des Kreditgeschäfts

Als ein wesentliches Merkmal der in den MaK zukünftig zu erwartenden Organisationsprinzipien wird die funktionale Trennung von Markt und Marktfolge ihren Niederschlag in der Aufbauorganisation der Kreditinstitute finden. Zielsetzung ist eine klare Trennung von Kreditvertrieb und Kreditproduktion, d. h. die Trennung von Kundenberatern bzw. Kompetenzträgern des Marktes und Sachbearbeitern bzw. Kompetenzträgern der Marktfolge. Die funktionale Trennung ist dabei bis in die Geschäftsleitung zu gewährleisten.[1] Im Idealfall sollte

---

[1] Insbesondere diese weitgehende Interpretation der Funktionstrennung wird zur Zeit kontrovers diskutiert.

zusätzlich eine separate Steuerungseinheit für das Kreditrisikomanagement eingesetzt werden, die in eigenständiger Ressortverantwortung eines dritten Geschäftsleitungsmitgliedes liegt (vgl. Abbildung 27).

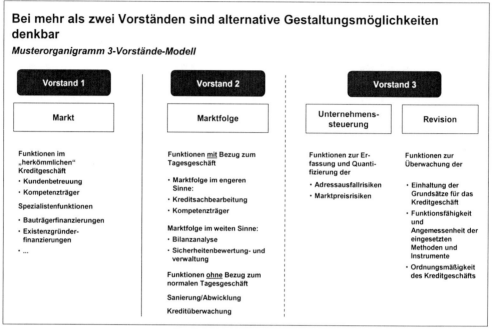

Abbildung 27: Musteraufbauorganisation im 3-Vorstände-Modell

Eine Abweichung von der strikten funktionalen Trennung auf der Ebene der Geschäftsleitung ist in folgenden Fällen denkbar:

- In Banken, die lediglich durch *zwei Geschäftsleiter* geführt werden:
  Hier sollte eine Trennung auf der Ebene der Markt- und Marktfolgefunktionen erfolgen. Dem für die Marktfolge zuständigen Geschäftsleiter würde dann zugleich die Verantwortung für den Bereich der Adressausfallrisikosteuerung und Revision obliegen.

- In Instituten, die durch *mehrere Geschäftsleiter* geführt werden:
  Der Geschäftsleiter des Marktfolgebereiches kann für den Fall der eigenständigen Betreuung bestehender Kunden oder der Akquisition von Neukunden von dem Grundsatz der funktionalen Trennung abweichen. Zur Sicherstellung der Kontrollfunktion ist dann aber die Zustimmung aller Geschäftsleiter auch für Kredite unterhalb der Großkreditgrenze erforderlich.[1]

---

[1] Bagatellbeträge können hiervon ausgenommen werden.

Eine räumliche Trennung zwischen Markt- und Marktfolgebereich ist in keinem der Fälle zwingend erforderlich.

Der Marktbereich wird von den Veränderungen, die die jüngsten Entwicklungen des Aufsichtsrechtes implizieren, direkt am wenigsten betroffen sein (vgl. Abbildung 28). Die Hauptfunktion des Marktes wird weiter im Vertrieb von Kredit- und anderen Produkten im Neu- und Bestandsgeschäft liegen.

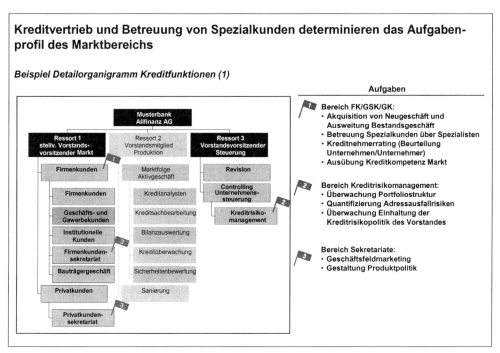

Abbildung 28: Beispielorganigramm Kreditfunktionen

Direkte Auswirkungen der neuen Organisationsprinzipien resultieren aus dem Verlust der zumindest bisher häufig vorherrschenden dominierenden Kreditkompetenz im Markt und der damit verbundenen Steigerung der Verantwortung der Marktfolge durch die Einrichtung von Gemeinschaftskompetenzen. Bestehende Teams aus Kundenbetreuern und Kreditanalysten/-sachbearbeitern sind damit nach wie vor möglich, bestehen aber zukünftig aus gleichwertigen Partnern, die unterschiedlichen Hierarchiebereichen zugeordnet sind.

Unter Risikogesichtspunkten kommt neben der Trennung von Markt und Marktfolge insbesondere der Einrichtung von Spezialfunktionen für sog. „bestimmte Kreditgeschäfte" eine besondere Bedeutung zu. Unter den Oberbegriff „bestimmte Kreditgeschäfte" sollen die Geschäfte subsumiert werden, die aufgrund ihrer Komplexität und ihres Risikogehaltes eine besondere

Aufmerksamkeit und Spezialistenwissen verlangen. Dieses gilt explizit etwa für das Bauträgergeschäft und die Betreuung von Problemkrediten.

Bei der *Betreuung von Problemkrediten* durch Sanierungsabteilungen bzw. Sanierungsspezialisten sollte eine Trennung vom Kreditvertrieb, d. h. dem ursprünglich zuständigen Kundenberater erfolgen. Diese Anforderung ergibt sich nicht nur aus aufsichtsrechtlichen Erwägungen: die Beratungspraxis hat vielmehr immer wieder gezeigt, dass eine konsequente Trennung von Vertrieb und Sanierung zu enormen Ergebnissteigerungen sowohl durch gesteigerte Vertriebsintensität im Markt als auch durch den verminderten Wertberichtigungsbedarf geführt hat. Eine organisatorische Anbindung des Sanierungsbereiches an den Marktfolgebereich stellt sicher, dass es nicht zu Interessenkonflikten zwischen bisher zuständigem Kundenberater und Sanierungsverantwortlichem kommen und insbesondere in der Entscheidungshierarchie eine klare (vom Markt getrennte) Verantwortlichkeit gelebt werden kann.

Durch die Trennung von Markt und Marktfolge wird eine eindeutige Aufgabenzuordnung ermöglicht, die insgesamt auch die Prozessgestaltung im Kreditgeschäft beeinflusst. Dabei ist zu berücksichtigen, dass aus der Kreditsachbearbeitung ausgelagerte Funktionen (z. B. Analyse der Bilanzen, Bewertung von Sicherheiten, Vorbereitung von Verträgen, Verwaltung von Sicherheiten usw.) organisatorisch dem Marktfolgebereich zuzuordnen sind.

Innerhalb der Marktfolge bieten sich verschiedene Alternativen für die Festlegung von Zuständigkeiten und Verantwortlichkeiten an. Je nach Größe des Kreditinstitutes bzw. dem Umfang seines Kreditgeschäftes kann es sinnvoll sein, auch in der Marktfolge eine weitere Spezialisierung vorzunehmen. Denkbar wäre beispielsweise eine Differenzierung der klassischen Sachbearbeiterfunktionen nach

- Kreditsachbearbeitung
- Kredit-/Bilanzanalyse und Rating
- Operative Kreditüberwachung/Kreditkontrolle und
- Sicherheitenbewertung.

In einem derartigen Organisationsschema würde den *Kredit-/Bilanzanalysten* die Analyse und abschließende Beurteilung der wirtschaftlichen Verhältnisse der Kreditnehmer(-einheit) obliegen. Sie sind für die Aufbereitung und Auswertung der Jahresabschlüsse, BWA´s, Planzahlen zur Liquidität und Rentabilität etc. des Kreditnehmers zuständig; die Ergebnisse bilden eine fundierte Grundlage für das zu erstellende Kreditvotum. Durch Ausübung der Marktfolgekreditkompetenz stellen sie sicher, dass eine systematische Qualitätssicherung im Bereich des Neugeschäfts bzw. bei der Ausweitung/Veränderung bestehender Engagements erfolgt.

Auf der anderen Seite erfolgt eine *Bewertung von Sicherheiten* insbesondere bei gewerblichen Immobilien durch entsprechende Spezialisten. Die sich anschließende Beschlusserstellung und Vorbereitung der Kredit- und Sicherheitenverträge im Sinne einer tatsächlichen Kreditproduktion würde durch die eigentlichen Kreditsachbearbeiter wahrgenommen. In diesem Bereich läge auch die Zuständigkeit für die Bestandspflegeprozesse.

Eine Beschluss- und Valutierungskontrolle bei großen Kreditengagements einschließlich der Überwachung der Einhaltung von § 18 KWG würde im Bereich der operativen *Kreditüberwachung/Kreditkontrolle* erfolgen.

Eine derartig aufgegliederte Organisationsstruktur muss dem Umfang des Kreditgeschäftes des jeweiligen Kreditinstitutes angemessen sein. Es sei darauf hingewiesen, dass die hier beschriebene Gestaltung der notwendigen Funktionen nicht mit einer übertriebenen Aufblähung von Abteilungs- oder Bereichsstrukturen einhergehen darf. Insbesondere bei kleineren Instituten sind die Effizienzgewinne aus der Realisierung von Lernkurveneffekten durch Spezialisierung der Mitarbeiter gegen die zwangsläufig eintretenden Friktionen bei einer größeren Anzahl von Schnittstellen im Kreditprozess abzuwägen.

3. Die Einrichtung von risikoorientierten Kompetenzsystemen

3.1 Kreditbewilligungskompetenzen

Die konsequente Umsetzung einer funktionalen Trennung von Markt und Marktfolge impliziert die voneinander unabhängige Ausübung der Kreditbewilligungskompetenz. Erst durch die Doppelkompetenz kann das Ziel einer qualitätssichernden, vetriebsunabhängigen zweiten Entscheidungsinstanz realisiert werden. Prägendes Element des Kompetenzsystems ist damit die Gleichgewichtung des Krediturteils von Markt und Marktfolge. Das Kreditkompetenzsystem sollte grundsätzlich risikoorientiert ausgestaltet werden, d. h. die traditionell volumenorientierten Kompetenzgrenzen müssen um die Risikoperspektive erweitert werden. Dieses kann durch Kombination von Volumengrenze und Risikostufe (ausgedrückt durch die jeweilige Ratingklasse) in einer Kompetenzmatrix erfolgen (vgl. Abbildung 29).

Das Vier-Augen-Prinzip wird durch ein System von Doppelkompetenzen zwischen Markt und Marktfolge realisiert

Beispiel: Kompetenzmatrix – qualifiziertes Geschäft

Bonitätsklasse	Volumen des Kreditengagements			
	TDM 500	TDM 1.000	TDM 5.000	TDM > 5.000
1	A	A	B	C
2	A	A	B	C
3	A	B	C	D
4	B	B	C	D
5	B	C	C	D
....	...	...	...	...
X	D	D	D	D

Die Verteilung der Kompetenzstufen ist abhängig vom institutseigenen Mengengerüst und der Gesamtstruktur im Kreditgeschäft

A 1. Kompetenzstufe, z.B. Berater und Sachbearbeiter
B 2. Kompetenzstufe, z.B. Gruppenleiter Beratung und Gruppenleiter Sachbearbeiter
C 3. Kompetenzstufe, z.B. Abteilungsleiter Beratung und Abteilungsleiter Sachbearbeiter
D 4. Kompetenzstufe, z.B. Vorstand Markt und Vorstand Marktfolge

Abbildung 29: Kompetenzmatrix im qualifizierten Kreditgeschäft

Eine stellenbezogene Vergabe der Kompetenzen stellt eine leichte Überprüfbarkeit auf kompetenzgerechte Entscheidung sicher, wobei bei der konkreten individuellen Kompetenzeinräumung das jeweilige Qualifikationsniveau des Mitarbeiters berücksichtigt werden kann und sollte. Dem Prinzip der Doppelkompetenz ist auch dann Genüge getan, wenn die Marktfolgekompetenz durch ein eindeutiges Scoring-Ergebnis maschinell erzeugt werden kann und somit durch den Marktmitarbeiter nicht beeinflusst werden kann.[1]

Für den Fall der Nichteinigung von Markt und Marktfolge hinsichtlich der Kreditbewilligung oder der Ratingeinstufung greift ein zu installierender Eskalationsmechanismus, d. h. die nächsthöhere Kompetenzstufe entscheidet wieder nach dem Prinzip der Gemeinschaftskompetenz (vgl. Abbildung 30). Das Vier-Augen-Prinzip wird auf diese Weise über alle Kompetenzstufen hinweg eingehalten.

---

[1] Diese Möglichkeit ist grundsätzlich nur für das Mengengeschäft innerhalb bestimmter Bagatellgrenzen vorgesehen.

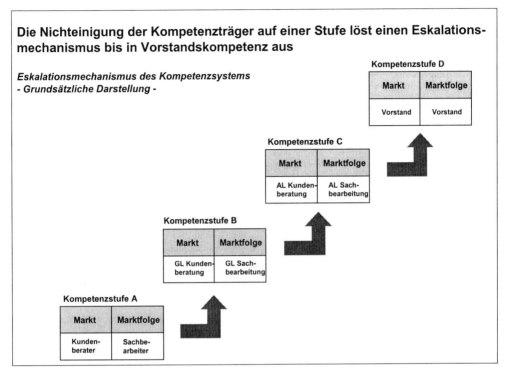

Abbildung 30: Eskalationsmechanismus[1]

Die Anlässe für Kreditentscheidungen sind grundsätzlich zu definieren. Dazu gehören mindestens die Vergabe von Neukrediten, die Prolongationen von bestehenden Krediten, die (Neu-)Festsetzung der Ratingstufe usw. Im Zuge der organisatorischen Umsetzung der funktionalen Trennung sind die Kreditprozesse so zu modellieren, dass Mitarbeiter der Marktfolge grundsätzlich keinen Kundenkontakt haben. Dieses gewährleistet die Neutralität der Marktfolge.

3.2. Preiskompetenzen

Die Preiskompetenz als weitere wesentliche Komponente des Kompetenzsystems wird auf Basis kundenbezogener Deckungsbeitragskalküle allein durch den Markt ausgeübt. Das Prinzip der Doppelkompetenz wird somit für die Preisstellung bewusst nicht verwendet: Der Markt trägt die Ergebnisverantwortung und ist damit auch zentraler Entscheidungsträger bei der risikoadjustierten Bepreisung von Krediten.

---

[1] Vgl. *Kirmße, S., Ehlerding, A., Putzer, A. (2001)*, S. 71.

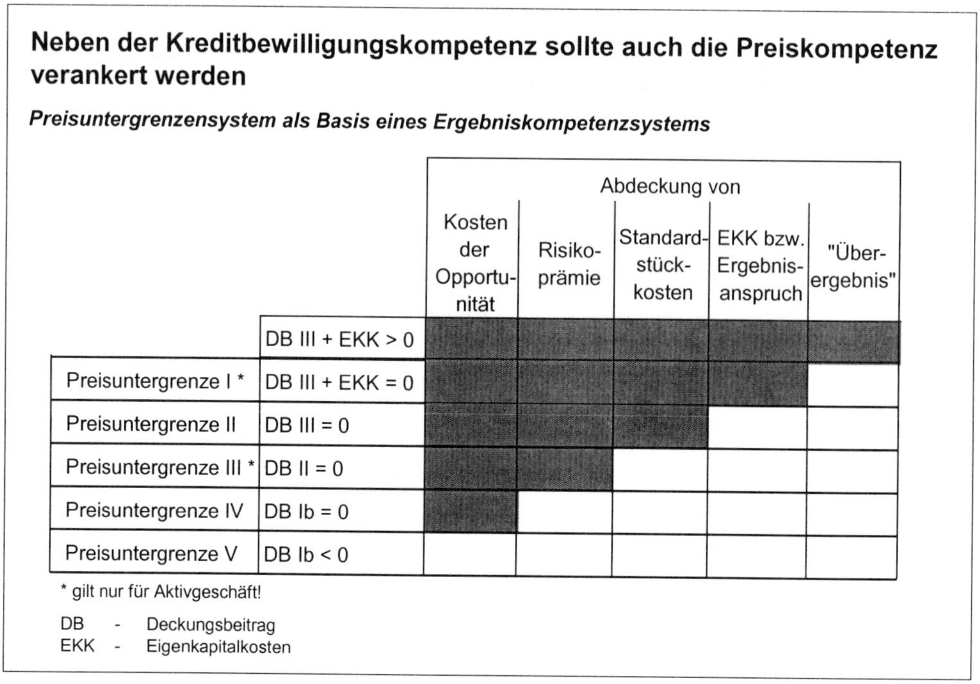

Neben der Kreditbewilligungskompetenz sollte auch die Preiskompetenz verankert werden

Preisuntergrenzensystem als Basis eines Ergebniskompetenzsystems

		Abdeckung von				
		Kosten der Opportunität	Risikoprämie	Standardstückkosten	EKK bzw. Ergebnisanspruch	"Überergebnis"
	DB III + EKK > 0	■	■	■	■	■
Preisuntergrenze I *	DB III + EKK = 0	■	■	■	■	
Preisuntergrenze II	DB III = 0	■	■	■		
Preisuntergrenze III *	DB II = 0	■	■			
Preisuntergrenze IV	DB Ib = 0	■				
Preisuntergrenze V	DB Ib < 0					

* gilt nur für Aktivgeschäft!
DB - Deckungsbeitrag
EKK - Eigenkapitalkosten

Abbildung 31: Preiskompetenzsystem

In dem in Abbildung 31 abgebildeten exemplarischen Preisuntergrenzensystems werden insgesamt 5 aufeinander aufbauende Preisuntergrenzen bestimmt. Die Preisuntergrenze I ist erreicht, wenn das kalkulierte Kreditgeschäft die zuzurechenden Eigenkapitalkosten sowie den Deckungsbeitrag III (DB III = Kosten der Opportunität + Risikoprämie + Standardstückkosten) gerade noch erwirtschaftet. Werden die Eigenkapitalkosten nicht mehr verdient, ist die Preisuntergrenze II erreicht. Schrittweise lassen sich so die weiteren Preisuntergrenzen durch Verzicht auf einzelne Bestandteile des Deckungsbeitragsschemas ableiten. Wird die Preisuntergrenze V unterschritten, ist bereits der Zinskonditionsbeitrag negativ.

Die so ermittelten Preisuntergrenzen fließen dann in das Ergebniskompetenzsystem ein, dass von Kompetenzstufe zu Kompetenzstufe einen größeren Verzicht auf Teile des Deckungsbeitrages erlaubt (vgl. Abbildung 32). Das Ergebniskompetenzsystems kann zudem in das Anreiz- bzw. Zielvereinbarungssystem für die Marktmitarbeiter eingebunden werden (beispielsweise durch Vereinbarung von Deckungsbeitragszielen auf der Ebene DB III plus Eigenkapitalkosten).[1]

---

[1] Vgl. *Rinker, A. (1997)*.

Ergebniskompetenzen werden in Einzelkompetenz ausgeübt – die Ergebnisverantwortung liegt hier eindeutig beim Markt

Ausgestaltungsbeispiel

Annahme: Zielvereinbarung mit den Mitarbeitern erfolgt auf der Basis DB III plus Eigenkapitalkosten

		Deckungsbeitrag der Kundenverbindung insgesamt										
		PU I		PU II		PU III		PU IV		PU V		
	Deckungsbeitrag des Einzelgeschäftes	DB III + EKK > 0		DB III + EKK = 0		DB III = 0		DB II = 0		DB Ib = 0		DB Ib < 0
		Aktivgeschäft	Sonst. Geschäft	Aktivgeschäft	Sonst. Geschäft	Aktivgeschäft	Sonst. Geschäft	Aktivgeschäft	Sonst. Geschäft	Aktivgeschäft	Sonst. Geschäft	Aktivgeschäft	Sonst. Geschäft
	DB III + EKK > 0	1**	1**									
PU I *	DB III + EKK = 0											
PU II	DB III = 0											
PU III *	DB II = 0											
PU IV	DB Ib = 0											
PU V	DB Ib < 0											

* Preisuntergrenze gilt nur für Aktivgeschäft
**Die entsprechende Kompetenzstufe ist zu benennen
"Sonstige Geschäfte" umfassen Passiv- und Dienstleistungsgeschäfte

1 1. Kompetenzstufe
2 2. Kompetenzstufe
3 3. Kompetenzstufe

PU Preisuntergrenze
DB Deckungsbeitrag
EKK Eigenkapitalkosten

Abbildung 32: Ergebniskompetenzsystem

4. Ausgestaltung aufsichtsrechtskonformer Kreditprozesse

Die bereits dargestellten Handlungsfelder zur risikoorientierten Neuausrichtung des Kreditgeschäfts implizieren natürlich eine kongruente Restrukturierung der Prozesse und Arbeitsabläufe auf Basis des Grundsatzes der Funktionstrennung zwischen Markt, Marktfolge und der Kreditüberwachung. Darüber hinaus gilt es ratingadäquate Kreditentscheidungsprozesse so zu definieren, dass effiziente und schnelle Kreditentscheidungen sowie eine kostengünstige Kreditproduktion möglich sind. Bei der Betrachtung eines allgemeinen Kreditprozessmodells lässt sich eine Differenzierung in 5 Phasen vornehmen:

1. Akquisition des Kreditgeschäfts
2. Analyse der wirtschaftlichen Verhältnisse des Kreditnehmers/der Kreditnehmereinheit bzw. Kreditnehmerrating
3. Beschlusserstellung und Beschlussfassung
4. Umsetzung der Kreditentscheidung
5. Valutierung

Üblicherweise werden die einzelnen Prozessschritte arbeitsteilig, d. h. durch verschiedene Funktionen innerhalb der Markt- und Marktfolgebereiche wahrgenommen.

Die *Akquisition des Kreditgeschäfts*, d. h. die Gewinnung von neuen Kunden bzw. die Ausweitung bestehender Kreditengagements, liegt in der Verantwortung des Marktes. In dieser ersten Prozessphase erfolgen die Kundengespräche, an die sich ein erstes Antragsrating anschließen kann. Zur Gesprächsvorbereitung kann und sollte auf die Unterstützung der Marktfolge zugegriffen werden. Insbesondere bei Bestandskunden ist es angeraten, bereits vor Gesprächsdurchführung ggf. fehlende Unterlagen (§ 18 KWG etc.) zu identifizieren bzw. bereits vorliegende Unterlagen zur Beurteilung der wirtschaftlichen Verhältnisse und der Kundenbonität für das Kundengespräch aufzubereiten (vgl. Abbildung 33).

Im Rahmen eines ersten Antragsratings sollte bereits in der frühen Phase des Kreditprozesses eine grundsätzliche *Beurteilung der Kundenbonität* erfolgen, um – bei negativem Ergebnis – keinen zusätzlichen Arbeitsaufwand zu erzeugen. Vorteilhaft ist in diesem Zusammenhang die im Zuge der Formulierung einer institutseinheitlichen Kreditrisikostrategie vorzunehmende konkrete Definition von Ausschlusskriterien (kritische Bonitätsgrenze, Ausschluss bestimmter Branchen etc.), bei deren Eintreten keine Kreditgewährung erfolgen soll. Eine regelmäßige Überprüfung der Ausschlusskriterien sollte durch das Kreditrisikomanagement erfolgen, um sicherzustellen, dass vorgegebene Branchen- und Größenklassenlimite nicht überschritten werden.

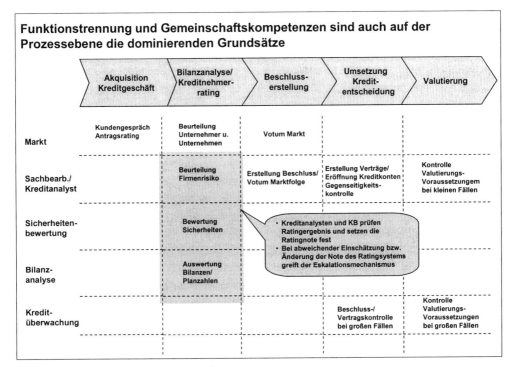

Abbildung 33: Funktions-/Prozessmatrix

Nach einem positiven Antragsrating erfolgt eine tiefergehende Analyse der wirtschaftlichen Verhältnisse des Kunden und die finale Festlegung der Ratingklasse. Der Ratingprozess bindet sowohl die Marktseite als auch die Marktfolge ein. Die Spezialisten in der Marktfolge (Kredit-/Bilanzanalyse) werten die harten Fakten (Jahresabschlüsse, aktuelle Planungsunterlagen etc.) aus und bereiten das Kreditnehmerrating vor. Aufgabe des Marktes ist es, eine eigene auf der Kenntnis von Unternehmen und Unternehmer basierende Beurteilung vorzunehmen. Quantitative und qualitative Komponenten bestimmen gemeinsam das Ratingergebnis. In dieser Aufteilung der Aufgaben spiegelt sich wiederum das Prinzip der Funktionstrennung wider: Um ein weitgehend objektives Urteil zur Bonität des Kreditnehmers zu erhalten, werden die Beurteilungskriterien, die ohne persönliche Kenntnis des Kunden/Kreditnehmers möglich sind, durch die Marktfolge aufbereitet. Daneben besteht die Aufgabe der Kompetenzträger darin, die Angaben des Marktes und der Marktfolge vor dem Hintergrund der wirtschaftlichen Situation des Unternehmens zu plausibilisieren. So lassen sich etwa unvollständige oder unplausible betriebswirtschaftliche Unterlagen nicht mit einer guten Beurteilung des Managements in Einklang bringen.

Kreditanalysten und Kundenberater prüfen das Ratingergebnis und setzen gemeinsam die Ratingnote fest. Kommt es zu keiner übereinstimmenden Beurteilung des Kreditnehmers, so setzt der bereits beschriebene Eskalationsmechanismus ein.

Als letzter Baustein zur Vorbereitung der Beschlussfassung ist die Bewertung der (vorhandenen oder geplanten) Kreditsicherheiten vorzunehmen. Diese erfolgt wiederum durch Spezialisten in der Marktfolge. Auch hier spielt die Neutralität gegenüber dem Kunden die entscheidende Rolle bei der Zuordnung der Funktionen. Mit der Bewertung der Sicherheiten und der Festsetzung des Ratingergebnisses ist die Phase der Vorbereitung der Kreditentscheidung abgeschlossen. Dabei sei darauf hingewiesen, dass das Rating laufend bei Vorliegen neuer Informationen entsprechend der wirtschaftlichen Entwicklung des Unternehmens anzupassen ist.

Im nächsten Schritt erfolgt das voneinander unabhängige *Votum* durch die Kompetenzträger des Marktes und der Marktfolge (vgl. Abbildung 33). In der Marktfolge selbst ist – bei entsprechender Größenordnung des Kreditgeschäfts – folgende Arbeitsteilung vorstellbar: Vorbereitung des Kreditbeschlusses durch die Kreditsachbearbeitung, Votum durch die Kredit-/Bilanzanalysten.

Die *Umsetzung der Kreditentscheidung* kann ausschließlich durch Mitarbeiter der Marktfolge erfolgen. In dieser Phase sind die entsprechenden Kredit- und Sicherheitenverträge zu erstellen, die Korrespondenz mit dem Kunden vorzubereiten, und die Darlehenskonten im juristischen Bestand des Kreditinstitutes zu eröffnen. Bei der Umsetzung dieser Schritte sollte unter Effizienzgesichtspunkten eine weitestgehend edv-technisch unterstützte Lösung angestrebt werden. Im Detail bedeutet dieses eine Vernetzung der Kundenberatungs- und Sachbearbeitungssysteme zur elektronischen Datenweitergabe und die automatische Erstellung des Vertragswerkes auf Basis einheitlicher und standardisierter Vertragsmuster. Um Transport- und Liegezeiten zu vermeiden, sollte in dieser Phase zudem die Anzahl der Anfassvorgänge und damit die Anzahl der Schnittstellen minimiert werden (z. B. durch Gegenseitigkeitskontrollen in der Sachbearbeitung anstelle einer permanenten Einbindung der Kreditkontrolle; vgl. Abbildung 34). Die Aufgaben der formellen Kreditkontrolle sollten sich auf die aufgrund ihres Volumens bzw. des enthaltenen Risikos bedeutsamen Fällen beschränken. Gleichwohl ist sicherzustellen, dass die Qualität in der Sachbearbeitung und der technischen Umsetzung keine zusätzlichen operationellen Risiken begründet (z. B. nicht rechtswirksame Verträge, „unbeabsichtigte" Auszahlungen vor Sicherstellung bzw. Vertragsunterschrift etc.).

In der *Valutierungsphase* kann das Prinzip eines abgestuften Kontrollsystems fortgesetzt werden. So ist denkbar, die Kontrolle der Valutierungsvoraussetzungen bei kleinen Fällen durch die Kreditsachbearbeiter bzw. Kreditanalysten durchführen zu lassen. Bei entsprechend größeren bzw. risikobehafteten Engagements sollte diese Aufgabe durch die Kreditkontrolle übernommen werden. Dabei kommt es darauf an, die Kontrollfunktion geeignet zu verankern: entweder, soweit geboten, in einer eigenständigen Gruppe oder vereinfacht durch entsprechende Mitarbeiter (z. B. Gruppenleiter).

5. Konsequenzen der Reorganisation für Qualität und Effizienz

Vor dem Hintergrund der umfangreichen Anforderungen, die zukünftig an die risikoorientierte Ausgestaltung des Kreditgeschäfts gestellt werden, ist kritisch zu hinterfragen, inwieweit die notwendigen Veränderungen per Saldo zu höheren Kosten im Kreditgeschäft führen oder ob sich als Nebeneffekt ggf. sogar Effizienzsteigerungen erzielen lassen.

Die Erfahrung aus zahlreichen Restrukturierungsprojekten im Kreditgeschäft zeigt, dass häufig noch erhebliche Effizienzsteigerungspotenziale bestehen. So ergibt die Analyse der IST-Situation in vielen Kreditinstituten Durchlaufzeiten im gewerblichen Kreditgeschäft von bis zu 20 Werktagen und Bearbeitungszeiten von bis zu 12 Stunden. In der privaten Baufinanzierung können Stückkosten bis zu 500 EUR beobachtet werden (vgl. Abbildung 34).

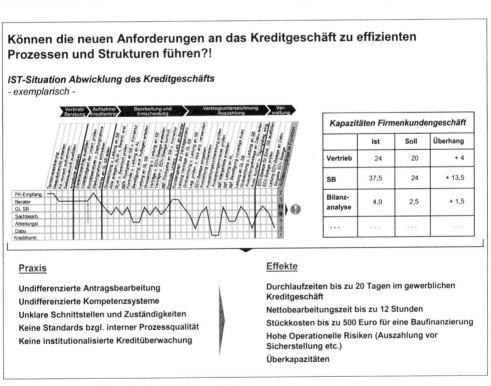

Abbildung 34: IST-Situation im Kreditgeschäft

Als Hauptursachen dafür lassen sich im Wesentlichen die vorab näher betrachteten Handlungsfelder identifizieren:

- (Risiko-)undifferenzierte Antragsbearbeitung
- Undifferenzierte Kompetenzsysteme

- Unklare Schnittstellen und Zuständigkeiten

- Keine oder nur unzureichend institutionalisierte Kreditüberwachung

Die zum Teil lediglich rudimentäre Einbindung von IT-Lösungen zur Unterstützung der Kundenberatung und Sachbearbeitung ist dabei noch nicht einmal das vordergründig ausschlaggebende Problemfeld. Diese Ergebnisse zeigen deutlich, dass die Auseinandersetzung mit den verschärften aufsichtsrechtlichen Anforderungen und die Umsetzung der erforderlichen Anpassungsmaßnahmen nicht nur kostenneutral sein kann, sondern im Gegenteil die Möglichkeit eröffnet, Qualitätssteigerungen und Effizienzverbesserungen zeitgleich zu vereinnahmen. So konnten in Beratungsprojekten im Zuge der Kreditreorganisation häufig folgende Ergebnisse erreicht werden:

- Kreditzusagen im qualifizierten Standardgeschäft innerhalb von 48 Stunden

- Reduktion der Durchlaufzeiten um bis zu 50 %

- Reduktion der Stückkosten für Baufinanzierungen um mehr als 25 %

- Reduktion der Kapazitäten in der gewerblichen Sachbearbeitung um bis zu 30 %

- Herstellung prüfungssicherer Qualität im Kreditgeschäft

- Frühzeitige Identifikation von Bonitätsverschlechterungen (Senkung der Risikokosten)

Gerade die Diskussion um die Kapazitäten in den Kreditbereichen wird dabei kontrovers geführt: Während aus Effizienzgründen häufig ein deutlicher Kapazitätsabbau gefordert wird, votieren Revisoren und Verbandsprüfer aus risikopolitischen Erwägungen eher für weitere Kapazitätsaufstockungen. Die durch eine Reorganisation i. d. R. gleichzeitig auftretenden produktivitätsbedingten Kapazitätsentlastungen und qualitäts- sowie vertriebsbedingten zusätzlichen Kapazitätsbindungseffekte zeigt exemplarisch Abbildung 35:

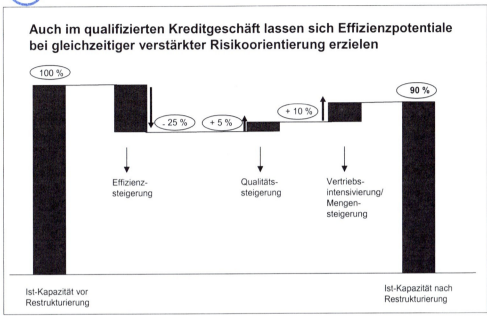

Abbildung 35: Kapazitätsveränderungen durch Reorganisation – Praxisbeispiel

Im Sinne einer risikodifferenzierten Neu- und Bestandsgeschäftsbearbeitung sollten die Mitarbeiter im Markt und in der Marktfolge im Bereich des Mengengeschäftes durch standardisierte Arbeitsabläufe unterstützt und entlastet werden. Über die Festlegung eindeutiger Kriterien für das Standardgeschäft – wie z. B. Mindest-Bonität des Kreditnehmers, maximales Kreditvolumen, max. Blankoanteil etc. – lassen sich die Engagements identifizieren, die unter Risikogesichtspunkten keiner intensiven Betreuung bedürfen. Der Grad der möglichen Standardisierung in diesem Segment wird zwar nicht unwesentlich durch die technischen Möglichkeiten mitbestimmt, kann aber in vielen Fällen durch den konsequenten Einsatz einheitlicher Checklisten, vordefinierter Prozessabläufe und genauer Aufgabenzuweisungen im Vergleich zur heutigen Situation deutlich erhöht werden.

Neben einer kostengünstigeren „Kreditproduktion" im Mengengeschäft schafft diese Herangehensweise die Freiräume im Markt und in der Marktfolge, die benötigt werden, um im qualifizierten Kreditgeschäft die eine adäquate Betreuungsintensität und Bearbeitungsqualität sicherzustellen.

IV. Zusammenfassung und Ausblick

Zusammenfassend kann festgehalten werden, dass die Bausteine zur Erfüllung moderner betriebswirtschaftlicher und aufsichtsrechtlicher Anforderungen sowohl die Controllingbereiche als auch die Kreditressorts in Kreditinstituten künftig vor große Umsetzungsaufgaben stellen (vgl. Abbildung 36). Die Unterstützung durch Organisations-/IT- sowie Projektmanagementexperten ist dabei für das Gelingen unverzichtbar.

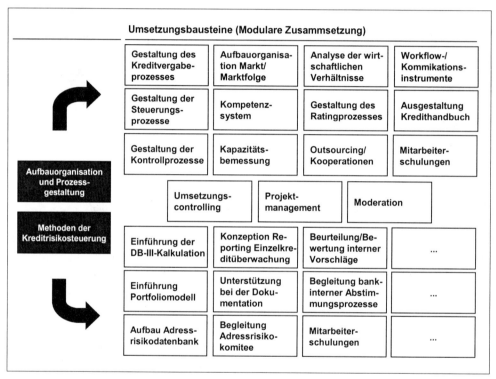

Abbildung 36: Bausteine des Umsetzungspakets

Klare Zielsetzungen der einzelnen Projektbausteine und ein professionelles Umsetzungscontrolling sind zentrale Voraussetzungen für die Motivation der Beteiligten und den Umsetzungserfolg. Am Ende des Weges sollten folgende Punkte abschließend geregelt sein (vgl. Abbildung 37):

Prozesse und Strukturen		Management der Ausfallrisiken	
■ Struktur Markt/ Marktfolge	☐	■ Einführung des Ratings, Wahl des Ansatzes, Datensammlung	☐
■ Funktionen Vertriebs-/ Marktfolgemitarbeiter	☐	■ Kalkulation der Risikoprämien	☐
■ Funktionen Kreditüberwachung	☐	■ Erweiterung der Deckungsbeitragsrechnung	☐
■ Ratingprozesse	☐	■ Kreditportfoliomanagement	☐
■ Beschlussbearbeitungsprozesse/ IT-Unterstützung	☐	■ Limitierung der Ausfallrisiken/ Einbettung in Gesamtbank-Limitsystematik	☐
■ (Doppel-)Kompetenzsystem und Bewilligungsprozesse	☐	■ Planungsprozess	☐
■ Kreditüberwachungsprozesse, u.a. § 18 KWG und interne Prolongation	☐	■ Funktionen und Strukturen im Ausfallrisikomanagement	☐
■ Kommunikationsinstrumente und sonstige effizienzsteigernde Tools	☐		
■ Sanierung/Intensivkundenbetreuung	☐		

Abbildung 37: Checkliste zur Abarbeitung des Aufgabenpakets zur Umsetzung von Basel II/MaK

Im Zuge einer erfolgreichen Umsetzung lassen sich folgende Vorteile realisieren:

- sinkende Risikobelastung durch explizites Pricing und Portfolioeffekte,

- Zusatzerfolge aus dem wertorientierten Eigenkapital-Management,

- verbessertes Ergebnispotenzial im Firmenkundengeschäft durch aussagefähige Kundenkalkulation und transparente Cross-Selling-Ansätze

- zusätzliche Prozesseffizienz und sinkende Leerkosten durch bessere Rollenverteilung und hohe Standardisierung

Dem gegenüber stehen die Kosten für die Umsetzung, d. h. vor allem die Kosten für die notwendigen Systeme, Projekte sowie Training und Ausbildung der Mitarbeiter.

Als Fazit bleibt festzuhalten, dass die zügige und konsequente Implementierung und Nutzung der Methoden und Instrumente des Kreditrisikomanagements und die Umsetzung der Organisationsanpassungen sowohl als betriebswirtschaftliche Notwendigkeit als auch als wesentliche Change-Management-Aufgabe in einem endgültig existenzbedrohender Wettbewerb um Kunden und Eigenkapital betrachtet werden muss.

Literaturhinweise

Basel Committee on Banking Supervision (2001): „The New Basel Capital Accord. Consultative Document.", Basel, January 2001.

Kirmße, S. / Ehlerding, A. / Putzer, A. (2001): „Die verbundeinheitlichen Richtlinien für das Kreditgeschäft – Bericht aus dem Projekt ‚Umsetzung der verbundeinheitlichen Richtlinien' des BVR", in: Bankinformation, August 2001, S. 67-76.

Kirmße, S. / Schweizer, S. (2001): „VR-CreditPortfolioManager – Portfolioorientierte Kreditrisikosteuerung für den genossenschaftlichen Verbund", in: Bankinformation, März 2001, S. 20-26.

Rinker, A. (1997): „Anreizsysteme in Kreditinstituten – Gestaltungsprinzipien und Steuerungsimpulse aus Controllingsicht ", Frankfurt a. M., 1997.

Rolfes, B. (1999): „Gesamtbanksteuerung", Stuttgart, 1999.

Die Bedeutung operativer Risiken für Eigenkapitalunterlegung und Risikomanagement

DR. GERRIT JAN VAN DEN BRINK

Managing Operational Risk Controller
Dresdner Bank AG

Definition und Abgrenzung

Das Interesse der Banken für das Thema operative Risiken hat sich in der letzten Zeit deutlich erhöht. Die Bankenaufsicht hat im Januar 2001 in dem sogenannten 2. Baseler Konsultationspapier zum ersten Mal eine explizite Eigenkapitalunterlegung für das operative Risiko einer Bank gefordert. Bis dahin wurde unterstellt, dass die Eigenkapitalunterlegung mittels einer pauschalen Kalkulation (8 % der Risk Weighted Assets) für alle relevanten Risikokategorien abgegolten war.

Die bekannten Schadensfälle aus der Vergangenheit wie Barings Bank, Sumitomo, Orange County, aber auch die häufiger verbreiteten Computerviren haben die Aufmerksamkeit der Aufsichtsgremien auf das Operational Risk fokussiert. Darüber hinaus haben die terroristischen Anschläge der jüngsten Zeit gezeigt, dass Banken gerade im Bereich der operativen Risiken umdenken müssen. Bis dahin haben die meisten Notfallpläne sich auf IT-Systeme konzentriert. Die extreme Situation am 11. September 2001 hat gezeigt, dass die Banken die Konzentration von Mitarbeitern an einem Ort neu überlegen müssen.

Das operative Risiko wird in dem Working Paper[1] des Baseler Ausschusses wie folgt definiert:

The risk of loss resulting from inadequate or failed internal processes, people and systems or from external events.

Es scheint jedoch sinnvoll zu sein, innerhalb der Definition zwischen den Ursachen des Risikos und den Stellen, wo das Risiko manifest wird zu unterscheiden. Die Ursachen sind in der Baseler Definition eindeutig benannt; die Stellen können als Prozesse, Kontrollen und Projekte der Bank definiert werden. Aus diesem Grund wird innerhalb der Dresdner Bank folgende Definition für das operative Risiko verwendet:

Das operative Risiko ist das Risiko eines direkten oder indirekten Verlustes aus Unzulänglichkeiten oder Fehlern in Prozessen, Kontrollen oder Projekten verursacht durch Technologie, Mitarbeiter, die Organisation oder externe Faktoren.

Die Frage der Kapitalunterlegung bringt zwingend das Bedürfnis bezüglich einer klaren Abgrenzung der einzelnen Risikoarten mit sich. Dies gilt nicht nur für die Abgrenzung des operativen Risikos gegenüber den klassischen Bankrisiken wie dem Kredit- und Marktpreisrisiko, sondern auch für die Abgrenzung zwischen dem operativen und strategischen Risiko. Das Rechtsrisiko und das Reputationsrisiko nehmen in diesem Rahmen eine gesonderte Position ein.

---

[1] *Basel Committee on Banking Supervision (2001b)*, S. 2.

Die Abgrenzung zwischen den klassischen Bankrisiken und dem operativen Risiko kann nur ursachenbezogen vorgenommen werden. Der Fall Barings hat zum Beispiel klar gezeigt, dass hier nicht von einem Marktpreisrisiko die Rede war, sondern von einem operativen Risiko. Wenn der bekannte Händler Leeson nicht in der Lage gewesen wäre, unerlaubt große Positionen aufzubauen, dann hätte es nie zu einem solchen Kollaps kommen können. Die Komplexität der Abgrenzung nimmt allerdings noch zu, wenn die Ursache eines Verlustes nicht eindeutig identifiziert werden kann. Der Verlust aus einem Kreditengagement kann zum Beispiel durch eine mangelhaft ausgeführte Kreditanalyse verursacht werden, weil dem Management somit eine Chance zur Schadensbegrenzung genommen wird. Gleichzeitig spielt vielleicht ein Geschäftseinbruch bei dem Kreditnehmer eine wichtige Rolle. In einem solchen Fall sollte beurteilt werden, welcher Teil des Verlustes auf das operative und das Kreditrisiko zurückzuführen ist. Für die anderen Verlustarten kann die Abgrenzung bezüglich den Risikoarten vergleichbar diskutiert werden. Die ursachenbezogenen Zusammenhänge zwischen Verlustarten und Risiken können wie folgt abgebildet werden:

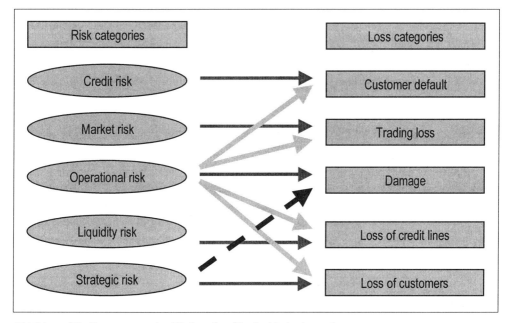

Abbildung 38: Abgrenzung der Risikoarten für die Verlustzuweisung

An dieser Stelle sei bemerkt, dass der Baseler Ausschuss im Working Paper[1] zu der Abgrenzung Stellung bezieht. Der Baseler Ausschuss schreibt die Aufnahme von den auf operativen Risiken zurückzuführenden Verlusten in der Verlustdatensammlung vor. Die Verluste, die momentan als Kreditrisiko oder als Marktpreisrisiko klassifiziert werden, sind im Falle der

---

[1] *Basel Committee on Banking Supervision (2001b)*, S. 17.

Anwendung eines auf Verluste basierenden Ansatzes allerdings noch nicht in die Kapitalunterlegungskalkulationen für das operative Risiko zu berücksichtigen. Somit entspricht der Baseler Ausschuss einem Wunsch der Banken, die Datenbasis für das Kreditrisiko zunächst beizubehalten. Diese Situation wird erwartungsgemäß nach einer noch zu definierenden Übergangsfrist aufgehoben.

Das strategische Risiko kann wie folgt definiert werden:

The risk of a direct or indirect loss caused by faulty, unprepared or simply misjudged strategic decisions. This incorporates the risk of a loss due to an adverse or unfavourable economic business environment.

Die Abgrenzung zwischen dem operativen und strategischen Risiko stellt sich in der Praxis oft als schwierig heraus. Obwohl auch hier die Ursache des Risikos wieder als Unterscheidungskriterium herangezogen werden sollte, tritt die Verwirrung oft da auf, wo operative Risiken sich als Folge eines manifest gewordenen strategischen Risikos ereignen. So kann die Entscheidung, eine Geschäftsstelle zu schließen, die mit der Planung asynchrone Kündigung durch Mitarbeiter zu Folge haben. Die Mitarbeiter wissen, dass die Tätigkeit zu Ende geht und müssen sich deshalb schon nach einer Alternative umsehen. Vorzeitige Kündigungen gefährden allerdings die ordentliche Abwicklung der Geschäfte und dadurch können operative Risiken (wie menschliche Fehler oder unautorisierte Handlungen) auftreten.

Das Rechtsrisiko wird durch den Baseler Ausschuss[1] als Subkategorie des operativen Risikos gesehen. Es gibt in der Bankenindustrie jedoch noch keine allgemein akzeptierte Definition des Rechtsrisikos. Generell werden Änderungen im Rechtssystem, die eine Durchsetzung bestehender Kontrakte verhindern, als Teil des Rechtsrisikos gesehen. Manche Experten summieren Vertragsfehler ebenfalls unter der Kategorie Rechtsrisiko; in diesem Fall sprechen aber andere Experten von einem reinen operativen Risiko. Für die Praxis scheint diese Unterscheidung jedoch unwichtig zu sein so lange das Rechtsrisiko als Unterkategorie des operativen Risikos gesehen wird.

Das letzte Risiko, das hier behandelt wird, ist das Reputationsrisiko. Dieses Risiko wird wie folgt definiert:

The possibility of a negative deviation in the expected future economic outcome (missed future opportunity, foregone future revenues) resulting from a deterioration in the bank's image. A secondary risk, caused by other (primary) risk.

---

[1] Vgl. *Basel Committee on Banking Supervision (2001a)*, S. 2.

Das Reputationsrisiko ist ein nachgelagertes Risiko, dass durch ein primäres Risiko verursacht wird. Der Baseler Ausschuss[1] hat sich entschieden, dieses Risiko vorerst nicht im Rahmen der Kapitalunterlegung zu berücksichtigen. Für das Management operativer Risiken sollte diese Komponente jedoch nicht vernachlässigt werden, da in diesem Bereich manchmal die größeren Schäden anfallen. Dabei ist insbesondere an den Ertragsausfall zu denken, der durch Kundenabgänge verursacht wird.

Der Zusammenhang zwischen den Risikoarten kann wie folgt graphisch zusammengefasst werden:

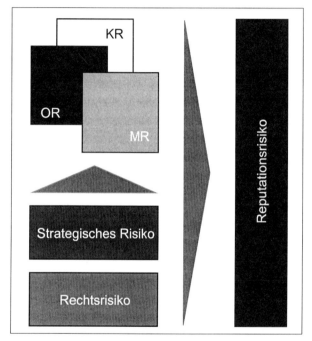

Abbildung 39: Zusammenhang zwischen den Risikoarten

Basel II und die Eigenkapitalanforderungen für operative Risiken

Im Rahmen des neuen Kapitalakkords sind Verfahren für die Kalkulation der Eigenkapitalanforderungen für operative Risiken formuliert worden. Diese Verfahren werden von Anforderungen begleitet, die durch die Kreditinstitute erfüllt werden müssen, bevor ein bestimmtes Verfahren umgesetzt werden kann. Die Verfahren gliedern sich in drei Ansätze:

- Basic Indicator Approach (Basisindikator-Ansatz)

---

[1] Vgl. *Basel Committee on Banking Supervision (2001a)*, S. 2.

- Standardised Approach (Standardansatz)

- Advanced Measurement Approach (Fortgeschrittener Bemessungsansatz)

Die Höhe der Eigenkapitalunterlegung für das operative Risiko[1] ist auf 12 %[2] des regulatorischen Kapitals nach dem alten Kapitalakkord kalibriert. Diese gewünschte Kapitalunterlegung entspricht in etwa 17-20 % der Brutto-Erlöse[3]; dieses Ergebnis (α) wird bei dem Basic Indicator Ansatz verwendet. Die Methode funktioniert wie eine Art Ertragssteuer:

$$OR\ regulatory\ capital\ charge = \alpha \cdot gross\ income$$

Der Basisindikator-Ansatz wird nach Intention der Europäischen Kommission nur für kleinere Institute zugelassen; international tätige Kreditinstitute sollen mindestens den Standardised Ansatz verwenden.

Neben dem Vorteil der einfachen Anwendung hat der Basisindikator-Ansatz verschiedene Nachteile. Die Bemessung des Risikos über den Größenindikator „Gross Income" kann kaum als risikosensitiv verstanden werden. Darüber hinaus setzt dieser Ansatz falsche Steuerungsimpulse: Eine Steigerung des Brutto-Ertrags bedeutet gleichzeitig eine Steigerung der regulatorischen Kapitalunterlegung. Investitionen in ein besseres operatives Risikomanagement werden durch diese Methode nicht honoriert, weil sie sich nicht in dem Größenindikator widerspiegeln. Als letzter Punkt ist die beschränkte Abdeckung der Bankaktivitäten zu vermelden, da insbesondere die Einheiten, die nicht direkt zu dem Brutto-Erlös beitragen bei der Bestimmung des Eigenkapitals für operatives Risiko grundsätzlich nicht berücksichtigt werden. Es wäre allerdings falsch zu behaupten, dass die Bank in diesen Einheiten nicht bezüglich des operativen Risikos exponiert ist.

Der Standardansatz berücksichtigt die unterschiedliche Risikogewichtung der einzelnen Geschäftssparten einer Bank. Gefühlsmäßig ist es klar, dass innerhalb der Trading-und-Sales-Sparte mehr operatives Risiko vorhanden ist, als im Retail Banking. Dieses wird in der Kalkulation der Kapitalunterlegung in der Kalibrierung des β-Wertes berücksichtigt.

Voraussetzung für die Anwendung des Standardansatzes ist das Mapping der Geschäftssparten der Bank auf die Standard Business Lines wie sie durch den Baseler Ausschuss definiert worden sind. Der Größe-Indikator „Brutto-Erlös" ist für alle Standard Business Lines vorgesehen.

Die Kapitalunterlegung der einzelnen Business Lines wird dann wie folgt berechnet:

---

[1] Vgl. *Basel Committee on Banking Supervision, (2001b)*, S. 4.
[2] Ursprünglich war die Kapitalunterlegung mit 20 % des regulatorischen Kapitals angesetzt, vgl. *Basle Committee on Banking Supervision (2001a)*.
[3] Der Brutto-Erlös (Gross Income) ist bestimmt als der Netto-Zinsertrag, der Netto-Provisionsertrag, das Handelsergebnis und die übrigen Erträge.

$$K_i = \beta_i \cdot \text{business line indicator}_i$$

Die Nachteile des Basisindikator-Ansatzes werden durch den Standardansatz jedoch kaum aufgehoben. Die Steuerungsimpulse sind grundsätzlich mit den Impulsen des Basisindikator-Ansatzes gleichzusetzen.

Der Standardansatz kann allerdings erst nach Erfüllung verschiedener qualifizierender Kriterien eingesetzt werden. Die wesentlichsten Kriterien sind:

- Existenz eines unabhängigen Operational Risk Management- und Control- Prozesses.
- Vorstand und Senior Management müssen im Operational Risk Management Prozess involviert sein
- Das genannte Business Line Mapping muss umgesetzt sein.
- Eine systematische Erfassung von relevanten Daten (Verluste und Größe-Indikatoren) soll implementiert sein.
- Ein regelmäßiges und systematisches OR-Reporting soll implementiert sein.
- Die Revision sollte den Operational Risk Management und Control Prozess regelmäßig prüfen.

In dem Konsultationspapier war der Internal Measurement Ansatz als alleiniger Advanced Measurement Approach vorgesehen. Diese Methode war viel inhaltlicher Kritik ausgesetzt; insbesondere die Annahme, dass aus dem erwarteten Verlust der unerwartete Verlust abgeleitet werden kann, konnte nicht mit Zustimmung rechnen.

Während der Konsultationsphase sind noch zwei andere Ansätze hinzugekommen.

Der Advanced Measurement Approach kennt somit drei Unterkategorien:

- Internal Measurement Approach (Interner Bemessungsansatz)
- Loss Distribution Approach (Verlustverteilungsansatz)
- Scorecard Ansatz

Der Scorecard Ansatz, der durch die Dresdner Bank favorisiert wird, kennt viele Ausprägungen. Der Scorecard Ansatz der Dresdner Bank ist dem Loss Distribution Ansatz sehr ähnlich. Der Unterschied liegt darin, dass die Kalkulation des regulatorischen Eigenkapitals nicht lediglich auf internen und externen Verlustdaten basiert, sondern auf unternehmensspezifischen Daten, die von Experten in Hinsicht auf operative Risiken ausgewertet und interpretiert werden. Dieses Expertenwissen kommt auf Basis der internen Verlustdaten und das spezifische Wissen des Experten zustande. Diese Vorgehensweise hat folgende Vorteile:

- Wenn interne und/oder externe Verlustdaten fehlen, weil die zu bewertende Aktivität neu ist, kann auf dieser Art und Weise dennoch ein ökonomischer Kapitalwert bestimmt werden

- Ein gutes Operational Risk Management kann adäquat entlohnt werden, da dieses in der Expertenauswertung direkt berücksichtigt werden kann

- Es kann sein, dass bestimmte Risiken bis jetzt noch nicht manifest geworden sind und deshalb nicht in Verlustdaten reflektiert werden. Diese Risiken können dennoch in eine Expertenbewertung mit einfließen.

Bei Anwendung des Loss Distribution Approaches werden die internen und externen Verlustdatensammlungen als Basis für die Verlustverteilung genommen. Die externen Daten werden im Rahmen eines „Scaling-Verfahren" an die Organisation angepasst. Die Verluste müssen sich in der betreffenden Organisation ereignen können (die Geschäftsart muss zum Beispiel vorkommen) und der Schaden sollte der Größe der Organisation angepasst werden.

Wie schon vorher beschrieben, setzt die Anwendung der einzelnen Ansätze die Erfüllung bestimmter Kriterien voraus. Für den Basisindikator-Ansatz gelten zwar keine besonderen qualifizierenden Anforderungen, aber der Anwendungskreis ist begrenzt. Der Ansatz sollte laut dem Baseler Ausschuss nicht durch international tätige Banken angewandt werden; die Europäische Union möchte diesen Ansatz für international tätige Banken nicht zulassen.

Die Anwendung des Standardansatzes setzt die Erfüllung folgender wichtiger Anforderungen voraus:

- Ein unabhängiger Operational Risk Management und Control-Prozess muss implementiert sein.

- Vorstand und Senior Management müssen im Operational Risk Management Prozess involviert sein.

- Die interne Bankorganisation muss auf die Standard Business Lines[1] (wie durch den Baseler Ausschuss vorgegeben) abgebildet werden.

- Ein regelmäßiges und systematisches OR-Reporting soll implementiert sein.

---

[1] Für eine umfassende Beschreibung der Anforderungen sei auf das Consultative Document des Baseler Ausschusses verwiesen. Vgl. *Basel Committee on Banking Supervision (2001a)*, S. 7.

- Die Revision sollte den Operational Risk Management und Control Prozess regelmäßig prüfen.

- Eine systematische Sammlung der aus operativen Risiken resultierenden Verluste sollte aufgebaut werden.

Der Regulator fordert als qualifizierende Voraussetzungen mehr als für die reine Kalkulation des regulatorischen Eigenkapitals notwendig ist. Insbesondere die Verlustsammlung fällt in diesem Rahmen auf. Daraus könnte abgeleitet werden, dass die Bankenaufsicht versucht, die Banken zu dem Advanced Measurement Approach zu bewegen. Die interne Verlustdatensammlung ist einer der wesentlichen Voraussetzungen für die Anwendung des Advanced Measurement Approaches.

Für die Anwendung des Advanced Measurement Approaches gelten eine ganze Reihe von Anforderungen, die in zwei Kategorien aufgeteilt werden können:

o Risk Management

- Eine unabhängige Operational Risk Management Funktion soll implementiert werden.

- Der Vorstand soll aktiv in das Operational Risk Management miteingebunden werden.

- Es soll ein regelmäßiges Reporting der Operational Risk Verluste und der Risikopotenziale stattfinden.

- Die Risikomanagementprozesse sollen transparent und zugänglich sein.

- Der Operational Risk Management Prozess sollte in die normalen Abläufe integriert sein.

- Die Bank sollte über eine umgesetzte Methode für die Berechnung des ökonomischen Kapitals für Operational Risk verfügen.

- Szenarioanalyse sollte im Rahmen der Operational Risk Kapitalunterlegung berücksichtigt werden.

- Die Revision sollte die Einhaltung der vorgegebenen Abläufe im Rahmen des Operational Risk Managements periodisch prüfen.

- Risk Measurement

  - Die Verluste resultierend aus manifest gewordenen Operational Risks sollen systematisch für eine Periode von 5 Jahren gesammelt werden (bei Einführung des AMA in 2005 reichen zunächst 3 Jahre Historie).

  - Die Bank muss einen Prozess implementieren, der den Datenhaushalt den Organisationsänderungen (wie Fusionen) anpasst.

  - Das Management sollte explizit die Qualität der Operational Risk Reports und die Integrität der Daten feststellen.

  - Wenn externe Daten im Rahmen eines AMA verwendet werden, dann sollen die Kriterien für die Aufnahme dieser Daten in das Modell in einer Prozedur beschrieben werden.

  - Sowohl die Kalkulationsmethode als auch die Datenqualität sollte regelmäßig geprüft werden.

  - Die berechneten Kapitalunterlegungszahlen basieren auf einer vordefinierten Haltedauer und einen festgelegten Perzentil und sollen validiert werden.

Im Wesentlichen können die Anforderungen mit Hilfe von folgenden Instrumenten umgesetzt werden:

- Das Control-Environment für Operational Risk sollte in einer Guideline beschrieben werden, die in den einzelnen Unternehmensbereichen umgesetzt wird. Das Operational Risk Management Framework ist Teil der Policy und beschreibt, wie die einzelnen Schritte des Risikomanagements ausgeführt werden.

- Die Bank soll in der Lage sein nach einer festen Prozedur die eigene Organisation auf die Standard Business Lines abzubilden.

- Der Datensammelprozess muss organisiert werden, inklusive der Möglichkeit einer systematischen Erfassung in einer Verlustdatenbank.

- Die Risikohöhen sollten mittels eines strukturiertes Self-Assessment erhoben werden.

- Das Operational Risk Management wird untermauert und objektiviert durch eine Reihe von Frühwarnindikatoren, die eine zeitnahe Aktion des Managements ermöglichen.

Der interne Nutzen für das Management

Das Risikomanagement wird in Banken schon länger als integraler Bestandteil der Gesamtbanksteuerung verstanden. Die Kapitalunterlegung für Operational Risk fügt eine neue Dimension an dieses Rahmenwerk an. Das Eigenkapital einer Bank bildet die Risikotragfähigkeit eines Kreditinstitutes ab. Gleichzeitig ist das Eigenkapital eine der knappsten Ressourcen einer Bank und deshalb ist es verständlich, dass die Banken versuchen, ihre Erträge gegenüber dem Eigenkapital zu optimieren. Präziser formuliert hält eine Bank einen gewissen Betrag an Eigenkapital vor, das die Risikoexponierung der Bank widerspiegelt. Dieser Betrag wird oft als ökonomisches Kapital definiert. In den bekannten Ansätzen werden der Return on Risk Adjusted Capital (RoRAC) oder Economic Value Added (EVA) als wesentliche Performance-Kennzahlen angesehen. In beiden Kennziffern spielt das Eigenkapital, das für Operational Risk unterlegt werden muss, eine wichtige Rolle. Die Erläuterung der Berechnungsformeln lässt diese Bedeutung sofort erkennen:

$$RoRAC = \frac{Return}{\ddot{o}konomisches\ Kapital}$$

Die Kapitalunterlegung für Operational Risk erhöht den Nenner und schmälert somit den RoRAC, weil das operative Risiko bis dahin noch nicht in der Berechnung des ökonomischen Kapitals berücksichtigt wurde.

Das Economic Value Added lässt sich wie folgt berechnen:

$$EVA = income - expenses - standard\ risk\ cost - cost\ of\ capital$$

Die Eigenkapitalunterlegung für das Operational Risk wirkt hier an zwei Stellen ein:

- Standard risk cost: Die erwarteten Verluste aus Operational Risk Ereignissen sollten im Rahmen eines Standardrisikokostenzuschlages in den Stückkosten berücksichtigt werden

- Cost of Capital: Das Eigenkapital, das für Operational Risk unterlegt wird, muss mit den Cost-of-Capital-Satz verzinst werden und beeinflusst somit die Höhe des EVA.

Im Rahmen der Konzernsteuerung muss der Vorstand in die Lage versetzt werden, die Bindung des Eigenkapitals der Bank zu steuern. Für manche Teilrisiken findet dieses schon länger statt; das Marktpreisrisiko wird risikosensitiv gesteuert und es gibt einen entwickelten Derivatmarkt, der eine Risikoabwälzung ermöglicht. Im Rahmen des Kreditrisikos ist inzwischen auch schon vieles entwickelt und auch hier werden die Märkte liquider.

Im Rahmen des Operational Risk ist allerdings noch viel zu tun. Der Vorstand hat zwar einen Überblick in Teilbereiche durch zum Beispiel Berichte der internen Revision, aber in den meisten Häusern fehlt es noch an einem gesamten Risikoprofil für Operational Risk. Eine einmalige Bestimmung des Risikoprofils für Operational Risk mag schon eine bemerkenswerte Verbesserung sein, der eigentliche Nutzen liegt aber darin, Veränderungen in dem Risikoprofil aufzuzeigen oder sogar zu antizipieren. Insbesondere können so mögliche Effekte einer strategischen Entscheidung (zum Beispiel Einführung des Online-Banking) auf das Risikoprofil abgeschätzt werden und daraus resultiert eine angemessene Preiskalkulation für das neue Produkt. Damit wird dem Management eine adäquate Steuerungsmöglichkeit geboten.

Ein Nebeneffekt ist die adäquate Erfüllung des KonTraG, das unter anderem ein System für frühzeitige Warnungen bezüglich bestandsgefährdender Risiken vorschreibt.

Für das Senior Management einer Bank lässt sich der Nutzen wie folgt zusammenfassen:

- Erfüllung des KonTraG und der aufsichtsrechtlichen Anforderungen.

- Bessere Reputation durch Nachweis eines guten Control Environments (zum Beispiel bei Ratingagenturen und Analysten).

- Frühwarnsystem bezüglich der Risikosituation.

- Risikoprofil der Bank.

- Integrale Informationsbasis für die Beurteilung der Auswirkungen von strategischen Entscheidungen.

- Erweiterte Basis für die Risiko-Performancemessung.

In der Bank wird es möglich auf Prozessebene ein Risikoprofil zu erstellen und somit eine aktive Risikosteuerung zu fördern. Das Risikobewusstsein wird durch die Transparenz verstärkt. Die Manager haben dadurch die Möglichkeit das Operational Risk für ihren Verantwortungsbereich optimal zu steuern durch adäquate Anwendung risikoreduzierender und -transferierender Maßnahmen.

Gesamtkonzept der Dresdner Bank

Die Dresdner Bank hat sich ein pro-aktives Management der operativen Risiken bis 2005 zum Ziel gesetzt. Eine wesentliche Voraussetzung für eine gelungene Implementierung ist die Erarbeitung einer gemeinsamen „Sprache", die in einem Rahmenwerk festgelegt ist. Innerhalb der Dresdner Bank ist dieses Rahmenwerk in der Form einer Operational Risk Guideline erfasst und verbindlich für alle Unternehmensbereiche verabschiedet.

Die Abteilung „Operational Risk" führt das Rahmenwerk mit Hilfe der Unternehmensbereiche in die Dresdner Bank ein. Die Verantwortung für das Operational Risk Management bleibt an der Stelle des verantwortlichen Managements; die Abteilung Operational Risk überwacht die Änderungen des Operational Risk Profils der Bank und stellt fest, dass die geplanten risikomildernden Maßnahmen in die Tat umgesetzt werden. Die Umsetzung des Rahmenwerkes in der Bank wird mit Hilfe von Operational Risk Policies per Organisationseinheit dokumentiert.

Das Gesamtkonzept der Dresdner Bank lässt sich gut mit der Verkehrskontrolle vergleichen, welche sich in der untenstehenden Abbildung zusammenfassen lässt:

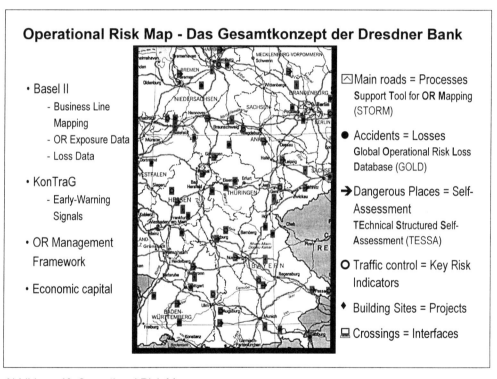

Abbildung 40: Operational Risk Map

Wie im Straßenverkehr ist links neben der Karte die Gesetzesseite aufgezeigt. Der Verkehr wird nach dem Gesetz geregelt, das näher in der Straßenverkehrsordnung spezifiziert wird. Genauso ist es auch im Falle operativer Risiken: Die gesetzlichen und regulatorischen Anforderungen werden in einer internen Guideline näher spezifiziert. Damit ist die Soll-Position definiert.

Die Soll-Position allein genügt nicht, um den Verkehr auch reibungslos laufen zu lassen. Dazu ist eine Straßenkarte notwendig um feststellen zu können, wo sich Punkte befinden, die verbessert werden müssen. Diese Punkte lassen sich im Verkehr zum Beispiel an der Art und Anzahl der Unfälle auf den Straßen festmachen. Dort wo viele Unfälle passieren, muss erst einmal von einer gefährlichen Situation ausgegangen werden. Das Bundesstatistikamt in Wiesbaden verfolgt zum Beispiel, wie Unfälle per Unfallkategorie sich auf den Straßen ereignen. Im Rahmen des Controllings operativer Risiken ist dieses genau so: Die Verluste in Geldeinheiten sind den Unfällen gleichzusetzen. Für die Analyse ist es in diesem Rahmen ebenso wichtig den Ort, wo sich der Verlust ereignet hat, zu kennen. Der Ort ist in diesem Fall ein Prozess. Darum fängt die Tätigkeit der Abteilung Operational Risk damit an, zunächst das Process Mapping auszuführen, damit der Ort des „Unfalles" aufgezeigt werden kann.

Das Gesamtkonzept der Dresdner Bank fußt auf einem Process Mapping, dass die Produktflüsse der relevanten Produkte der Bank abbildet. Die Relevanz der Produkte für das operative Risiko wird durch die Deckungsbeitragshöhe eines Produktes oder einer Produktgruppe bestimmt. Damit wird gleichzeitig ein erstes Indiz für die „Verletzbarkeit" der Gewinn- und Verlustrechnung durch operative Risiken gewonnen.

Es würde nicht von pro-aktivem Management zeugen, wenn nur die Verluste erfasst werden. In einem solchen Fall kann nur von einem reaktiven Management die Rede sein. Das proaktive Element lässt sich im Verkehr sehr wohl erkennen: Die Autobahnen und Bundesstraßen werden von der Streckenkontrolle abgefahren, um potenzielle Gefahren rechtzeitig zu entdecken und Verbesserungsmaßnahmen einzuleiten. Im Rahmen des Operational Risk Controllings ist dieses in der Form eines Self-Assessments umgesetzt. Die Gefahren werden in Risikokategorien klassifiziert. Dieses Self-Assessment wird durch die Abteilung Operational Risk strukturiert und die Gefahren werden durch Experten auf der Basis von unternehmensspezifischen Daten bewertet. Die Bewertungen werden von einem zweiten Experten überprüft und freigegeben. Sowohl die quantitativen Daten (erwartete Schadenshöhe und erwartete Häufigkeit) als auch die Einschätzung der Qualität (mit Hilfe von vorab definierten Qualitätsdimensionen) werden erfasst. Der Experte kann damit auch einbeziehen, wo Verbesserungsmaßnahmen geplant bzw. schon eingeleitet sind.

Eine andere Form des pro-aktiven Verkehrsmanagements sind Kameras, die an kritischen Stellen zur Überwachung aufgestellt sind. Dadurch kann der Verkehrsfluss optimaler gesteuert werden, oder es kann im Falle eines Unfalles direkt adäquat eingegriffen werden. Im Rahmen des Operational Risk Controllings besteht auch hier ein Pendant: die so genannten Key Risk Indicators. Die Key Risk Indicators sollten dem Management auf gefährliche Situationen aufmerksam machen, damit es noch ausreichend Reaktionszeit hat. Die Indicators müssen deshalb ein Unfallpotenzial gut vorhersagen können.

Auf der Straßenkarte gibt es zwei Stellen, die im Rahmen der Verkehrsüberwachung besondere Aufmerksamkeit verdienen: Die Baustellen und die Kreuzungen. Diese beide Stellen kennen eine höhere Unfallgefahr. So ist es auf der Risk Map auch: Die Kreuzungen sind die organisatorischen und systemtechnischen Schnittstellen und die Baustellen sind die Projekte. Auch hier kann man davon ausgehen, dass die Wahrscheinlichkeit eines zum Verlust führenden Ereignisses größer ist als im Rahmen eines reibungslosen Prozesses.

Das beschriebene Gesamtkonzept ist in ein Rahmenwerk eingebettet, das neben dem eigentlichen Managementprozess auch unterstützende Elemente wie Vision, Voraussetzungen und Nutzen, Kommunikation und Training, Operational Risk Definitionen und Risikokategorien, Berichte und Methoden, Rollen und Verantwortlichkeiten, IT-Lösungen und eine integrierte Risikobetrachtung und regulatorische Kapitalallokation umfasst.

Die praktische Umsetzung

Process Mapping

Die Abteilung Operational Risk hat für die Erfüllung ihrer Aufgabe eine Systemlandschaft geschaffen, die der Prozessorientierung Rechnung trägt. Das Support Tool für Operational Risk Mapping (STORM) ist eine Hilfe für die Erfassung der Produktflüsse und der darin benutzten Systeme, relevanten Schnittstellen und Projekte. Die Produktflüsse sind das Raster für die weitere Analyse des Operational Risk. Die folgende Abbildung gibt einen Überblick über die Attribute in STORM:

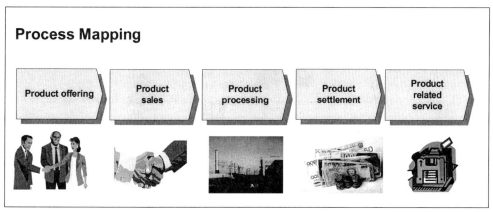

Abbildung 41: Die Attribute in STORM

Self Assessment

Das Self-Assessment wird mit einer webbasierten Applikation unterstützt. Die Abteilung Operational Risk bestimmt mit den Verantwortlichen der Organisationseinheiten, welche Produktflüsse (oder welche Schritte in den Produktflüssen) in die Bewertung einbezogen werden sollen. Die Experten können die Bewertung direkt am PC durchführen. Das System „Tessa" bietet dem Experten alle Resultate einer Scorecard in der Form einer Risikomatrix an, in der die Bewertung der einzelnen Risikoszenarien nach Häufigkeit und Verlustpotenzial abgetragen werden. Der erwartete Verlust und die aggregierte Qualitätseinschätzung werden ebenso angegeben. Ein Risikomatrix kann in der Praxis wie folgt dargestellt werden:

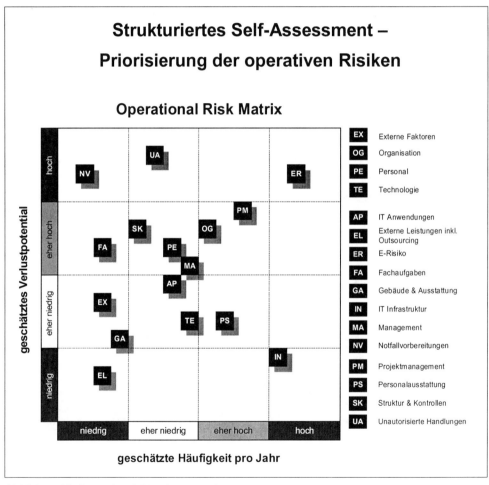

Abbildung 42: Operational Risk Scorecard

Verlustdatensammlung

Die vorgeschriebene Verlustdatensammlung wird ebenfalls mit einer webbasierten Applikation unterstützt. Das System Gold wird bankweit für die Erfassung und Kategorisierung von Verlustdaten genutzt. Auch hier wird der „Ort" des Verlustes mit Hilfe von den in STORM erfassten Produktflüssen bestimmt. Das System sieht eine Notifikationsmöglichkeit vor, weil die entdeckende Stelle oft nicht die verlustverursachende Stelle ist. Oft ist von beiden Stellen Information notwendig um eine vollständige Erfassung und Kategorisierung vornehmen zu können.

Neben der Erfüllung regulatorischer Anforderungen ist es für das Management wichtig, seinen Handlungsbedarf zu kennen. Die risikomildernden Maßnahmen können erst dann erfolgreich eingesetzt werden, wenn die Ursache der Verluste bekannt ist. Aus dem Grund sind die Risikokategorien ursachenbezogen formuliert. Ein Report bezüglich der Verluste und deren Ursache sieht wie folgt aus:

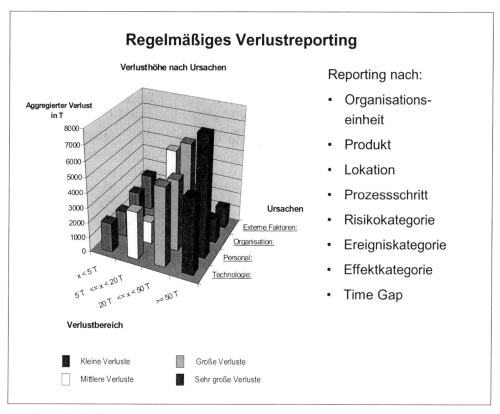

Abbildung 43: Verluste kategorisiert nach Ursachen

Ökonomisches Kapital

Die im Self-Assessment bewertete Verlusthäufigkeit und Verlusthöhe der Szenarien sind die Basis für die Kalkulation des ökonomischen Kapitalbedarfs. Da beide Größen unter Unsicherheit geschätzt werden, wird für die Häufigkeit und für die Verlusthöhe eine Verteilung angenommen. Für die Häufigkeitsverteilung wird momentan mit einer negativen Binomialverteilung oder einer Poissonverteilung gearbeitet. Die Verlusthöhe wird mit Hilfe einer Gamma- oder Lognormalverteilung modelliert.

Die beiden Verteilungen müssen nun gefaltet werden, damit die aggregierte Verteilung der möglichen Verlusten aus operativen Risiken entsteht. Diese Faltung wird mit Hilfe einer Monte Carlo Simulation durchgeführt. Der ökonomische Kapitalbedarf für Operational Risk wird aufgrund eines vorab festgelegten Perzentils (z. B. 99 %) bestimmt. Graphisch kann dieser Prozess wie folgt abgebildet werden:

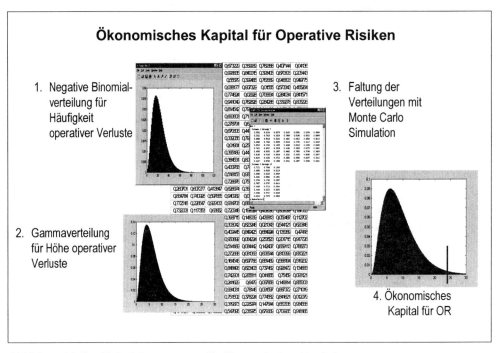

Abbildung 44: Der Kalkulationsprozess für ökonomisches Kapital

Schlussfolgerung und Ausblick

Das Gesamtkonzept für die Erfüllung des Operational Risk Managements ist in seiner Basis beschrieben. Nachdem dieser Stand erreicht ist, ist aber in der weiteren Detaillierung noch viel

Verbessungspotenzial vorhanden. Beispielhaft kann an die Berücksichtigung von Abhängigkeiten zwischen den einzelnen Risikokategorien gedacht werden. Darüber hinaus muss die Szenario-Analyse für die seltenen Fälle mit hohem Verlustpotenzial noch weiter ausgebaut werden.

Die regulatorischen Anforderungen werden in 2002 in dem neuen Konsultationspapier ihre definitiven Konturen bekommen.

Die Methoden und Theorien zur Unterstützung des Operational Risk Managements in den Banken ist noch nicht ausgereift. Sowohl die Praxis als auch die Wissenschaft ist hier nicht in der Lage, alleine passende Lösungen zu erzielen. Deshalb kommt es jetzt auf die Zusammenarbeit von Praxis und Wissenschaft an, die an manchen Stellen schon einiges verspricht.

Literaturhinweise

Anders, U. (2000): RaRoC – ein Begriff, viel Verwirrung, in: Die Bank 5/2000, Seite 314-317.

Basel Committee on Banking Supervision (2001a): Consultative Document Operational Risk, Supporting Document to the New Basel Capital Accord, Basel, January 2001.

Basel Committee on banking supervision (2001b): Working Paper on the Regulatory Treatment of Operational Risk, Basel, September 2001.

Brink, G. J. van den (2001): Operational Risk, wie Banken das Betriebsrisiko beherrschen, Stuttgart, 2001.

Erfahrungen beim Aufbau einer modernen und aufsichtsadäquaten Kreditrisikosteuerung am Beispiel der WGZ-Bank

MICHAEL FRAEDRICH

Mitglied des Vorstandes
WGZ-Bank eG, Düsseldorf

Die Westdeutsche Genossenschafts-Zentralbank ist seit einiger Zeit auf dem Wege zu einer deutlich modernisierten Kreditrisikosteuerung. Diesen Weg geht sie selbstbewusst und eigenständig und stets im Interesse ihrer angeschlossenen Mitgliedsbanken. Wo immer es sinnvoll ist, werden die Aktivitäten im Verbund der Volksbanken und Raiffeisenbanken koordiniert oder sogar in gemeinsamen Projekten gebündelt.

Entgegen einem in den Medien weit verbreiteten Missverständnis ist die Hauptmotivation für die Aktivitäten nicht allein die Vorbereitung auf Basel II. Die Weiterentwicklung der Mess- und Steuerungsmethoden für das Kreditrisiko vor allem in der zweiten Hälfte der neunziger Jahre hat deutlich gemacht, welches Wertschöpfungspotenzial in einer Modernisierung der „Kreditrisikokultur" liegt. Die Erschließung dieses Potentials ist das Hauptmotiv für unsere Anstrengungen. Selbstverständlich richten sich unsere Projekte stringent an den bereits deutlich erkennbaren aufsichtsrechtlichen Rahmenbedingungen aus.

In den folgenden Ausführungen werden zunächst die Grundzüge einer modernen Kreditrisikosteuerung dargelegt. Darauf aufbauend soll skizziert werden, wie sich die WGZ-Bank den vielfältigen Herausforderungen mit einer Reihe von Projekten stellt. Die Darstellung berücksichtigt dabei sowohl die betriebswirtschaftlichen, die aufsichtsrechtlichen und *last-but-not-least* die praktischen Aspekte.

I. Moderne Kreditrisikosteuerung

Kreditwirtschaft ist Risikobewirtschaftung. Neben der Dienstleistung, dem Kunden das Produkt Kredit zu „liefern", übernimmt die Bank mit dem Abschluss des Vertrages das Risiko, dass der Kreditkunde seinen Rückzahlungsverpflichtungen nicht im vollen Umfang nachkommt. Nach einer heute veralteten Auffassung des Kreditgeschäfts sieht man das Kreditrisiko nicht als eine wesentliche Komponente des Geschäfts. Vielmehr richtet man sich entschieden auf die strikte Vermeidung von Ausfällen aus und interpretiert die dennoch auftretenden Schlechtfälle als „Bewertungsfehler". Im Rahmen einer modernen Kreditrisikosteuerung hingegen versteht man Kreditverluste als Konsequenz einer kalkulierten Risikoübernahme. Diese Risikoübernahme wird in die Kreditkondition eingepreist. Aus der veralteten bzw. modernen Ausrichtung ergeben sich eine Reihe von Konsequenzen für die Kreditrisikosteuerung. Die wichtigsten sind in der folgenden Tabelle aufgelistet (Abbildung 45):

Veraltete Auffassung der Kreditrisikosteuerung	Moderne Auffassung der Kreditrisikosteuerung
Vermeidung von Risiko	Kalkulierte Risikoübernahme
Je größer das Darlehnsvolumen, desto größer der Prüfungsaufwand	Differenzierung nach Risiko, nicht nach Kreditvolumen
Ja/Nein-Entscheidungen	Welches Risiko zu welchem Preis?
Weitgehender Verzicht auf mathematisch-statistische Modellierung des Risikos	Stärkere Inanspruchnahme statistischer Methoden zur Entscheidungsunterstützung bzw. als Filter
Bewertung möglichst vieler Risikofaktoren	Konzentration der Kreditanalyse auf eine optimale Anzahl von trennscharfen Risikofaktoren
Ratingeinstufung in eine ordinale Ratingskala auf Basis verbaler, qualitativer Ausführungen	Ermittlung von Ausfallwahrscheinlichkeiten

Abbildung 45: Auffassungen von Kreditrisikosteuerung und ihre Konsequenzen

Natürlich ist die Abgrenzung „veraltet" vs. „modern" zu undifferenziert und wird nicht der Tatsache gerecht, dass viele Banken bezüglich der verschiedenen Teilkomponenten des komplexen Kreditgeschäfts verschiedene Stufen der Entwicklung erreicht haben. Im folgenden wird eine Einteilung in sechs Entwicklungsstufen der Kreditrisikosteuerung skizziert. Auch diese Einteilung ist nicht frei von Willkür, aber sie zeigt doch, welches Entwicklungspotenzial im klassischen Kreditgeschäft noch steckt. Im folgenden soll in einigem Detail das folgende Schema erläutert werden (Abbildung 46):

Entwicklungsstufen der Kreditrisikosteuerung

(1) Kreditvergabe nur an „gute" Kunden

(2) Kredite werden nach ihrer Qualität eingestuft

(3) Das Kreditrisiko wird eingepreist

(4) Einstieg ins Portfolio-Management

(5) Steuerung nach Risiko-Return-Relation

(6) Diversikation ist Trumpf

Abbildung 46: Entwicklungsstufen der Kreditrisikosteuerung

Stufe 1: Kreditvergabe nur an „gute Kunden"

Die wesentlichen Merkmale dieser einfachsten Stufe sind die folgenden:

o Die Kreditvergabe und die Konditionengestaltung erfolgen weitgehend intuitiv. Die Konditionen werden am Durchschnitt ausgerichtet, d. h. die Preise für einen Kredit hängen nicht oder kaum von der Bonität des Kunden ab.

o Ausfälle gelten als unerwartete „Unfälle".

Insbesondere das erste Merkmal setzt die Bank einem hohen betriebswirtschaftlichen Risiko aus. Es besteht die Gefahr der Adversen Selektion. Dieser Mechanismus führt über kurz oder lang zu einer systematischen Verschlechterung des Kreditportfolios der Bank. Wegen ihrer enormen Wichtigkeit soll die Adverse Selektion in einigem Detail erläutert werden.

Die nachfolgende Graphik veranschaulicht das Geschehen (Abbildung 47):

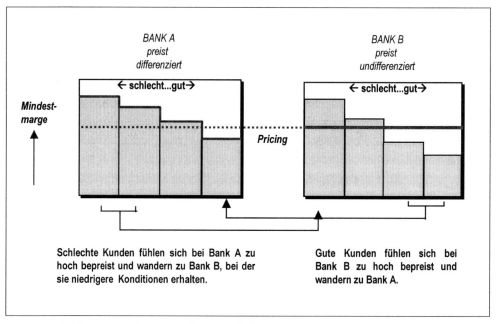

Abbildung 47: Adverse Selektion im Kreditportfolio

Bank B richtet ihre Konditionen nach ihren durchschnittlichen Kosten aus und verteilt diese undifferenziert auf alle ihre Kunden. Bank A hingegen preist risikoadjustiert. Die Kunden guter Bonität bei Bank B bemerken, dass sie bei Bank A Kredite günstiger bekommen und wandern dorthin ab. Das umgekehrte findet für die schlechten Kunden bei Bank A ab. Diese wandern zu Bank B. Als Folge dieser Migration muss Bank B ihre Durchschnittskonditionen anheben. Bank

A hingegen kann ihr differenziertes Preisprofil insgesamt absenken. Nun wiederholt sich der gleiche Mechanismus: Kunden, für die es im ersten Schritt noch attraktiv war, bei Bank B zu bleiben, finden jetzt bei Bank A bessere Bedingungen und wandern ab. Die schlechteste Gruppe von Bank A hingegen wandert zu B. Durch weitere „Iterationen" dieses Geschehens wird Bank B irgendwann in Not geraten.

Der Mechanismus der Adversen Selektion ist deshalb so wichtig, weil er die Banken zu einer risikoadäquaten Kreditbepreisung zwingt. Banken, die auf der Stufe 1 verharren, können sich langfristig nicht behaupten. Das Gleiche gilt übrigens für Versicherungen.

Stufe 2: Kredite werden nach ihrer Qualität eingestuft

In dieser Stufe versucht die Bank, die Kredite nach ihrer Qualität einzustufen. Dabei fehlt aber die notwendig Differenzierung und Konsequenz:

- Die Differenzierung zwischen den Bonitäten ist meist gering, und nicht quantifiziert, z. B. durch „Schulnoten" ohne objektive Bedeutung.

- Die Bonitätseinstufung ist oftmals eine Formalität ohne Auswirkung auf die Konditionengestaltung.

- Es erfolgt keine bonitätsdifferenzierte Kundenkalkulation. Die Erfolgskalkulation erfolgt nur auf ziemlich hoch aggregierter Ebene.

Banken auf der Stufe 2 bleiben anfällig für die Adverse Selektion. Da eine Erfolgsrechnung nur hoch aggregiert erfolgt, können die Verantwortlichen gar nicht erkennen, welche Geschäfte Wert schöpfen und mit welchen Geschäften Wert vernichtet wird. Genau dies ist aber entscheidend für eine wertorientierte und damit nachhaltig erfolgreiche Kreditrisikobewirtschaftung.

Stufe 3: Das Kreditrisiko wird eingepreist

Hier ist der erste wesentliche Schritt hin zu einer modernen Risikosteuerung getan:

- Einführung moderner Ratings und Messgrößen für den Verlust bei Ausfall des Kunden

- Berechnung und Durchsetzung von Mindestmargen zur Deckung der tatsächlichen Risiken

Man kann sagen, dass diese Entwicklungsstufe die Mindestanforderung für eine künftige Wettbewerbsfähigkeit im Kreditgeschäft darstellt. Dies unterstreicht, dass die in der Öffentlichkeit weitverbreitete Auffassung, Basel II sei der wesentliche oder sogar einzige Treiber für die Neuausrichtung der Kreditwirtschaft, ganz falsch ist. Die Realität sieht anders aus. Die heute gegebene Möglichkeit, Kreditrisiko differenziert zu messen und zu bepreisen zwingt alle Marktteilnehmer, sich daran auszurichten, wollen sie nicht durch Adverse Selektion in betriebswirtschaftliche Not geraten.

Stufe 3 setzt die Risikomessung in sämtlichen Teilsegmenten des Geschäftes voraus. Ansonsten ist eine wertorientierte Steuerung nicht möglich. Erforderlich ist zumindest das folgende:

- Ermittlung von Ausfallwahrscheinlichkeiten. Dazu müssen Ratinginstrumente für die verschiedenen Kundensegmente gebaut werden, z. B. für Firmenkunden (klein, mittel, groß), für Projekt- und Immobilienfinanzierungen, für Banken und Länder, für Landwirte, für Gewerbetreibende, etc. Diese Ratings müssen allesamt untereinander vergleichbar sein. Daher werden sie auf Ausfallwahrscheinlichkeiten kalibriert und an einer gemeinsamen Masterskala ausgerichtet.

- Das Exposure at Default (EAD), also das aufgrund Verzugs ausfallgefährdete Volumen muss produkt- und kundengruppenspezifisch geschätzt werden. Die Severity, d. h. der Anteil des EAD, der tatsächlich verloren geht, hängt ab von den Erlösquoten für die verschiedenen Sicherheitenarten und aus richtig gewichteten Erlösen aus Konkursbzw. Vergleichsverfahren.

Darüber hinaus muss mindestens ein grobes Konzept für die Allokation von ökonomischem Kapital vorhanden sein. Dies ist deshalb erforderlich, weil man sonst die Kredite, die Wert schaffen, von Krediten, die Wert vernichten, nicht voneinander unterscheiden kann.

Stufe 3 kann noch nicht das Ende der Entwicklung darstellen, da eine wichtige Fragestellung verbleibt: Es gibt noch keine Vertriebssteuerung unter Berücksichtigung einer gesamtbankorientierten Risikosteuerung. Dies kann zu unvorteilhaften Konzentrationstendenzen in einzelnen Kundensegmenten führen.

Stufe 4: Einstieg ins Portfolio-Management

Merkmale dieser Entwicklungsstufe sind

- Verwaltung des Kreditbestands wie ein Anlage-Portfolio

- Einführung von Instrumenten der Portfolio-Modellierung und von Steuerungstools zur Reduzierung von Konzentrations- und Korrelationsrisiken

Stufe 4 setzt ein Portfolio-Modell voraus. Es gibt eine Reihe von Vorschlägen für Kreditportfolio-Modelle. Fast alle sind sogenannte Faktormodelle, einige davon enthalten sogar makroökonomische Faktoren. Allgemein liegt die Schwierigkeit weniger in der grundsätzlichen Auswahl einer Modellklasse als vielmehr in der konkreten Parametrisierung: Neben den Ausfallwahrscheinlichkeiten, Severity-Parametern und den Produktspezifika wie z. B. Laufzeit und Payment-Calendar gehen in die Modelle zahlreiche Parameter ein, die gar nicht oder nur schwer aus verfügbaren Daten zu schätzen sind. Dazu gehören z. B. Korrelationsparameter, die beschreiben, wie das Ausfallrisiko von zwei verschiedenen Krediten statistisch zusammenhängt. Generell kann man sagen, dass der Bau von Portfolio-Modellen für sogenannte illiquide Kreditrisiken, also typische Bankkredite, schwieriger ist als für liquide Adressrisiken. Zur genauen Abgrenzung ist die folgende Graphik hilfreich (Abbildung 48):

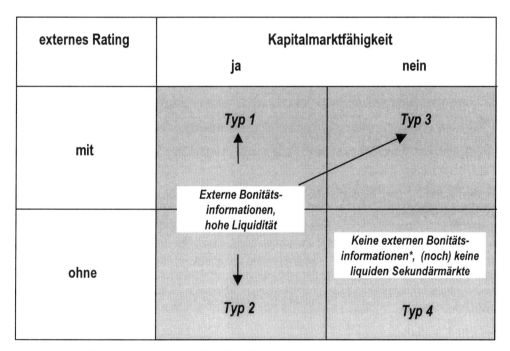

Abbildung 48: Systematisierung von Kreditportfoliorisiken

Für liquide Adressrisiken (z. B. Industrieanleihen) gibt es Standardmodelle, wie z. B. Credit Metrics von JP-Morgan. Wegen der stärkeren Abhängigkeit von öffentlich verfügbaren Daten, wie z. B. Branchenindizes, sind diese leichter zu parametrisieren als Portfolio-Modelle für illiquide Mittelstandskredite.

In der Entwicklungsstufe 4 liegt das Schwergewicht noch auf der Identifikation von Konzentrations- und Korrelationsrisiken und (noch) nicht auf der unter Wertschöpfungsgesichtspunkten optimalen Kapitalallokation in der Bank.

Stufe 5: Steuerung nach Risiko-/Return-Relation

- Einführung einer Top-Down-Kapitalsteuerung für die Gesamtbank
- Verknüpfung einer Portfolio-Optimierung mit dem Rating-Ziel für die Bank

Was ist unter einer Top-Down-Kapitalsteuerung zu verstehen? Dazu gehören mindestens die folgenden Komponenten:

(1) Ein „Verständnis" des Kapitalbedarfs der Gesamtbank zu einem existierenden Portfolio. Mit dem Begriff „Verständnis" soll ausgedrückt werden, dass hier noch nicht ein detailliertes Modell des Gesamtbank-Portfolios vorausgesetzt werden soll, sondern eine zwar quantitative, in Teilen aber vielleicht noch grobe und approximative Analyse des Gesamtbankrisikoprofils.

(2) Zuordnung des Kapitalbedarfs auf Geschäftssegmente

(3) Identifikation von Konzentrationen und Korrelationen im Portfolio

(4) Ableitung von Handlungsempfehlungen für die Portfoliosteuerung

(5) Vergleich der Kapitalbindung mit Erträgen und Kostenkomponenten zur Ermittlung von risikobereinigten Renditen

(6) Identifikation von Wachstumsfeldern und, darauf aufbauend eine strategische Gesamtbanksteuerung

Es sei betont, dass diese Ziele zumindest näherungsweise auch ohne ein komplexes Portfolio-Modell erreicht werden können. Voraussetzung ist allerdings die Zusammenführung eines nicht unerheblichen Datenpools. Hier wie an allen anderen Bauplätzen der Kreditrisikosteuerung zeigt sich die überragende Bedeutung einer weitentwickelten Datenkultur für eine Bank.

Das zweite oben genannte Merkmal der Stufe 5 („Zielrating der Bank") ist zur Steuerung nach einer Risiko/Return-Relation zwingend. Weiter oben wurde schon erwähnt, dass die Banken notwendig ihre Kreditrisikosteuerung weiterentwickeln müssen, wollen sie sich nicht dem Risiko der Adversen Selektion aussetzen. Darüber hinaus kann man davon ausgehen, dass die Investoren auf dem Kapitalmarkt die Entwicklung genau beobachten und dass folglich Banken mit einer modernen Risikosteuerung sicherlich ein besseres Rating und damit günstigere Refinanzierungskonditionen bekommen.

Stufe 6: Diversifikation ist Trumpf

Diese derzeit noch visionäre Entwicklungsstufe setzt die folgenden Merkmale voraus:

- Aktives Portfolio-Management, bei dem die Struktur des Kreditportfolios nicht mehr durch die Markt-/Vertriebsaktivitäten vorgegeben wird

- Liquiditätszuwächse in Teilen des Kreditmarktes werden für die aktive Strukturierung des Portfolios durch Handel von Kreditrisiken genutzt

Natürlich ist Diversifikation und Optimierung des Risikoprofils auch in früheren Entwicklungsstufen ein Ziel. Aber erst mit der zunehmenden Möglichkeit, Kreditrisiken zu kaufen und zu verkaufen, u. a. durch Kreditderivate, wird es für die Bank möglich, einerseits das Portfolio effizient zu strukturieren, und andererseits Kredite, die nicht optimal in das bankeigene Portfolio passen, durch Weiterverkauf an geeignete Handelspartner zu plazieren. Am Ende einer solchen Entwicklung könnte sogar die völlige Abkoppelung des Risikomanagements vom Vertrieb stehen. Sobald die Märkte eine uneingeschränkte Handelbarkeit aller Risiken zulassen, kann im Prinzip jedes Risiko hereingenommen werden, solange der richtige Preis dafür vereinnahmt werden kann. Obwohl dies natürlich visionär ist und vermutlich auch noch einige Jahre bleiben wird, sollte man die Diskussion solcher Szenarien fördern, um sich rechtzeitig auf die Komplexität einer solchen Kreditwelt einzustellen.

II. WGZ-Bank-Projekte im Zusammenhang mit dem Aufbau einer modernen Kreditrisikosteuerung

Die WGZ-Bank treibt mit einer Reihe von Projekten die Modernisierung ihrer Adressrisikosteuerung voran. Die Motivation dabei ist maßgeblich betriebswirtschaftlich. Selbstverständlich werden dabei die aufsichtsrechtlichen Rahmenbedingungen aufmerksam verfolgt und berücksichtigt.

1. Kosten-Nutzen-Analysen

Bei ihrer Neuausrichtung geht die WGZ-Bank strikt von Kosten-Nutzen-Überlegungen aus. Dies bedeutet, dass die geschätzte mittel- bis langfristige Wertschöpfung für jedes Projekt mit den geschätzten Kosten verglichen wird. Die Schätzung der Wertpotentiale für die verschiedenen Maßnahmen ist natürlich nicht einfach und nur mit Hilfe einer Reihe von Modellannahmen möglich. Dennoch: Selbst wenn die Ergebnisse der Kosten-Nutzen-Schätzungen mit einer gewissen Unsicherheit behaftet sind, sind sie von großem Wert. Bei entsprechend konservativer Auslegung stellen sie sicher, dass Geld nur dann investiert wird, wenn der Nutzen sehr deutlich über dem Aufwand steht. Da die Kosten-Nutzen-Analyse ohne ein tieferes Verständnis der Wertschöpfungsketten im Kreditprozess und der Wirkung der geplanten Risikoinstrumente gar nicht möglich ist, stellt das Erstellen der Analyse für das Projekt-Team bereits einen Wert für sich dar und ermöglicht eine optimale Resourcen- und Zeitplanung.

Die Strukturierung der Projektlandschaft erfolgt nach folgendem Schema:

- Bestandsaufnahme Portfolio
- Bestandsaufnahme je Segment
- Empfehlungen
- Priorisierung Zeitplan und Resourcen

Diese hintereinander abzuarbeitenden Blöcke gliedern sich wiederum wie folgt:

Bestandsaufnahme Portfolio

Kreditbuch der WGZ-Bank

- Segment 1
- Segment 2
- ...
- Segment N

Strategische Zielsegmente

- Segment 1
- Segment 2
- ...
- Segment N

Segmente im Kreditbuch der WGZ-Bank können hier z. B. sein: Firmenkunden, Großkunden, Kredite an Banken und Länder, Immobilienfinanzierung, Projektfinanzierung, etc.

Je Segment wird dann eine umfassende Analyse nach folgendem Schema vorgenommen:

Bestandsaufnahme je Segment

Segmentanalyse

- Volumen

- Ausfälle
- ...

Bewertung der Instrumente

- Trennschärfe des Ratings
- Exposure at Default (EAD) – ausfallgefährdetes Kreditvolumen
- Severity
- Pricing
- ...

Aufgrund der Bestandsaufnahme, der Bewertung der Instrumente im Vergleich zu potenziellen Neuentwicklungen (Kosten-Nutzen-Analyse) kommt man dann zu einer Reihe von Empfehlungen:

Empfehlungen

Wahlmöglichkeiten

- Beibehaltung der Instrumente nach Status Quo
- Modifikation
- Eigenentwicklung
- Einkauf externes „off the shelf"-Produkt
- Entwicklung mit Beratungsunterstützung

Es ist wichtig zu betonen, dass die Beibehaltung des Status Quo oder der Einkauf eines „off the shelf"-Produktes echte Alternativen zu einer deutlich aufwendigeren Eigenentwicklung sind. Ist z. B. in einem Segment nur ein sehr kleines Portfolio vorhanden, wäre ein aufwendiges Instrument völlig unverhältnismäßig.

Abschließend erfolgt eine **Priorisierung mit Zeitplan und Zuteilung von Resourcen**. Die WGZ-Bank hat aufgrund solcher Analysen eine Reihe von Projekten in Gang gesetzt und teilweise schon abgeschlossen. Zusätzlich einzuhaltende Nebenbedingungen waren und sind dabei:

- Einheitliche Betrachtung aller Risiken
- Einheitliche Mess- und Steuerungsgrößen
- Quantitative Ausrichtung der Instrumente
- Höchste Kompatibilität mit den BVR-Anstrengungen
- Integration in das Duale Steuerungsmodell der WGZ-Bank
- Rechtzeitige Beachtung aller Kriterien für eine erfolgreiche Umsetzung in der Bank

Der letztgenannte Punkt verdient eine besondere Hervorhebung. Der Projekterfolg steht und fällt natürlich mit der erfolgreichen Umsetzung. Da auf dem Weg zu einer neuen Risikosteuerung oftmals sehr deutlich „umgedacht" werden muss, ist eine Akzeptanz neuer Instrumente und die Umsetzung neuer Prozesse keineswegs selbstverständlich. Vielmehr bedarf es der rechtzeitigen Einbeziehung und Information der betroffenen Mitarbeiter. Dass es hierfür keinen Königsweg gibt, und dass alle am Prozess Beteiligten viel dabei lernen können, versteht sich von selbst.

Einige der Projekte werden im folgenden skizzenhaft dargestellt.

2. Parametrisierung des erwarteten Verlustes

Im Rahmen einer modernen Kreditrisikosteuerung ist der erwartete Verlust kundenindividuell bzw. sogar für ein Einzelgeschäft zu schätzen. Die überragende Bedeutung dieser Schätzgröße beruht darauf, dass der Erwartete Verlust die Standardrisikokosten bestimmt. Diese dienen dazu, im langfristigen Mittel sicherzustellen, dass die Kreditverluste der Bank kompensiert werden. Neben den Stückkosten und den Eigenkapitalkosten stellen diese Kosten einen wesentlichen Block bei der risikoadjustierten Preisfindung dar.

Das folgende Schaubild zeigt, dass sich der erwartete Verlust als Produkt von drei wesentlichen Faktoren darstellen lässt (Abbildung 49):

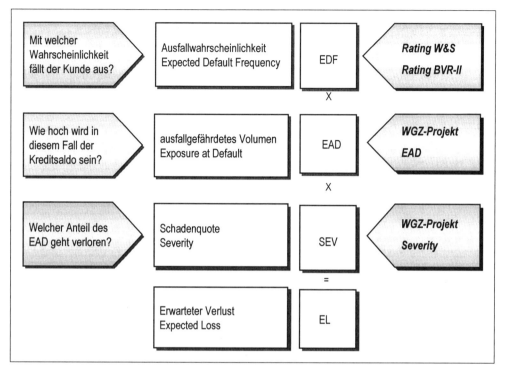

Abbildung 49: Komponenten des erwarteten Verlustes

Den drei Faktoren EDF, EAD und SEV entsprechen jeweils BVR- bzw. WGZ-Projekte, die im folgenden besprochen werden sollen.

(1) Ratinginstrument W&S, Ratinginstrument BVR-II

Die WGZ-Bank hat gemeinsam mit der DG- und GZ-Bank und im Verein mit dem Bundesverband der Volksbanken und Raiffeisenbanken (BVR) ein Ratinginstrument für mittelständische Firmenkunden mit einem Jahresumsatz zwischen DM 10 Mio. und DM 2 Mrd. entwickelt. Dieses Instrument trägt den Namen W&S-Rating (Wholesale & Special) und wird sowohl bei den Zentralbanken als auch bei den Volks- und Raiffeisenbanken Anwendung finden.

Das W&S-Rating beruht auf einer mathematisch-statistischen Analyse einer sehr großen Stichprobe aus Daten sowohl gesunder als auch „ausgefallener" Unternehmen. Im Rahmen des aufwendigen Projekts wurden insgesamt mehr als 150.000 Bonitätsinformationen von ausgefallenen und nicht ausgefallenen Kunden erhoben, davon 1/3 manuell.

Das Rating verdichtet Kennzahlen aus dem Jahresabschluss zusammen mit qualitativen Informationen (z. B. über das Management) und einer Reihe von potenziellen Warnsignalen zu einem Ratingendergebnis, also einer Ausfallwahrscheinlichkeit. Die Ausfallwahrscheinlichkeiten sind in Klassen eingeteilt, die leicht kommunizierbaren Ratingklassen entsprechen. Die Fähigkeit des Instruments, gute von schlechten Risiken zu trennen, ist sehr hoch.

Es ist wichtig zu wissen, dass man beim modernen Ratingbau nicht von „Vorurteilen" ausgeht, welche Jahresabschlusskennzahlen bzw. qualitativen Fragen zur Unterscheidung von guten und schlechten Kreditnehmern geeignet sind. Vielmehr startet man von einem umfangreichen Katalog mit vielen Kennzahlen und Fragen, die fast das gesamte Spektrum an Kreditrisikofeldern abdecken. Dann wird mit Hilfe der „Analysestichprobe", die sowohl ausgefallene als auch gute Kunden enthält, objektiv festgestellt, welche Faktoren „trennscharf" sind, und welche nicht. Darüber hinaus werden die Korrelationen zwischen den Faktoren gemessen. Man wird z. B. nicht zwei sehr stark untereinander korrelierte Kennzahlen gleichzeitig in das Rating eingehen lassen. Dies würde zu Instabilitäten führen.

Hat man einen Satz von trennscharfen und untereinander mäßig korrelierten Faktoren gefunden, werden die Faktoren zunächst einzeln so transformiert, dass auf Einzelkennzahlebene ein möglichst direkter Bezug zwischen der Kennzahlausprägung und der Bonität besteht. Es ist ja offensichtlich, dass die Steigerung der Eigenkapitalquote von 10 % auf 20 % nicht notwendig eine Verdoppelung der Bonität, also eine Halbierung der Ausfallwahrscheinlichkeit nach sich zieht. Der Zusammenhang zwischen Merkmalsausprägung und Ausfallwahrscheinlichkeit ist vielmehr nichtlinear. Insbesondere an den extremen Enden (sehr kleine bzw. sehr große Ausprägung) sättigt sich jeweils die Ausfallwahrscheinlichkeit. Nach der „Score-Transformation" spiegeln die Faktoren dieses Verhalten explizit wider.

Erst nach dieser Transformation werden die ausgewählten Faktoren mittels einer Regressionsanalyse zu einem Gesamtrating „zusammengewichtet". Die relativen Gewichte der einzelnen Faktoren kommen dabei „automatisch" heraus, werden also keinesfalls als Folge betriebswirtschaftlicher Einschätzungen von Hand eingestellt. Das mathematisch-statistische Verfahren stellt die Gewichte so ein, dass das Gesamtrating die in der Analysestrichprobe vorhandene „Krediterfahrung" optimal beschreibt. Dies spiegelt sich in einem hohen Wert für die Trennschärfe wider, die ein Maß dafür ist, wie gut das Rating eine Menge von Kreditnehmern in ein Bonitätenranking einstuft.

Aus der Methodik des Ratingbaus folgt einiges für die richtige bzw. falsche Interpretation des Ratingergebnisses. Das Rating kodiert in hocheffizienter Weise die statistische Assoziation von geeignet gewählten und transformierten Merkmalen mit der Bonität. Was es nicht von vornherein leistet, ist das Aufzeigen von Kausalzusammenhängen: Ein mathematisch-statistisches Ratinginstrument liefert keine „Insolvenztheorie", sondern eine Art Mustererkennung, unabhängig von den Gründen, warum eine Merkmalsausprägung eintrat. Daher ist der Einsatz eines solchen Ratings als Ausgangspunkt einer gezielten Bonitätsberatung skeptisch zu sehen. Aufgrund des Gesagten ist nämlich keineswegs klar, dass etwa ein gezieltes „Aufpolieren" eines einzelnen Merkmals (z. B. einer Bilanzkennzahl) die Bonität des Kunden tatsächlich verbessern wird. Für eine gute Kundenberatung bedarf es daher nach wie vor der fundierten Expertise der Kreditanalysten, die durch eine umfassende Analyse des Jahresabschlusses vor dem Hintergrund der Gesamtsituation des Kreditnehmers in Branche und Marktumfeld die Schwachstellen und Verbesserungspotentiale eines Unternehmens herausarbeiten.

An der Entwicklung des W&S-Ratings haben außer Spezialisten für Mathematik und Statistik auch Kreditexperten mit langjähriger Erfahrung im Firmenkundenkreditgeschäft mitgewirkt. Darüber hinaus wurde das Instrument nach seiner Fertigstellung in der WGZ-Bank und in weiteren Häusern aus dem Verbund intensiv in der Praxis verprobt.

Wir legen in der WGZ-Bank dennoch sehr viel Wert darauf, dass es nie zu einem „rein maschinellen" Rating kommt. Aus der langjährigen Zusammenarbeit mit unseren Kunden und unserer umfangreichen Expertise in der Kreditanalyse wissen wir, dass stets eine Würdigung aller bonitätsrelevanten Umstände durch Spezialisten erforderlich ist, um zu einem richtigen Gesamturteil zu gelangen. Aus diesem Grund ist das W&S-Rating für uns nur ein, allerdings sehr wichtiger, Baustein in unserem umfangreichen Ratingprozess. Auf diesen bedeutsamen Punkt wird weiter unten nochmals eingegangen.

Das Ratinginstrument BVR-II ist der Partner zum W&S-Rating für bilanzierende Firmenkunden mit einem Jahresumsatz kleiner als DM 10 Mio. Bei diesem Ratinginstrument wurde explizit der Tatsache Rechnung getragen, dass bei Personengesellschaften die wirtschaftlichen Verhältnisse für die Bonität des Unternehmens eine wichtige Rolle spielen. Das BVR-II-Rating wurde mit den gleichen mathematisch-statistischen Methoden gebaut wie das BVR-W&S-Rating und wird ebenso wie dieses in naher Zukunft verbundweit eingesetzt werden.

Die Zentralbanken und der BVR haben sich damit für einen sehr wichtigen Sektor ihres Kreditgeschäfts mit Ratinginstrumenten ausgestattet, die nicht nur den soliden Kern einer modernen Kreditrisikosteuerung darstellen, sondern darüber hinaus auch die zu erwartenden Anforderungen von „Basel II" erfüllen werden.

Ratinginstrumente für andere Segmente, z. B. Projekt- und Immobilienfinanzierung, sind in Vorbereitung und werden in enger verbundweiter Verzahnung entwickelt.

Im Entwurf zu Basel II wird zu recht betont, dass es nicht genügt, gute Instrumente zu haben. Vielmehr müssen diese auch in risikogerechte Prozesse eingebunden werden. Beispielhaft sei hier der Einsatz des Ratings im Kreditprozess der WGZ-Bank dargestellt. Der Ausgangspunkt dabei ist die Feststellung, dass es niemals zu einem vollständig automatisierten Rating kommen darf. Der Ratingprozess muss vielmehr das Experten-Know-how zwingend einbeziehen. Die folgende Graphik soll dies veranschaulichen (Abbildung 50):

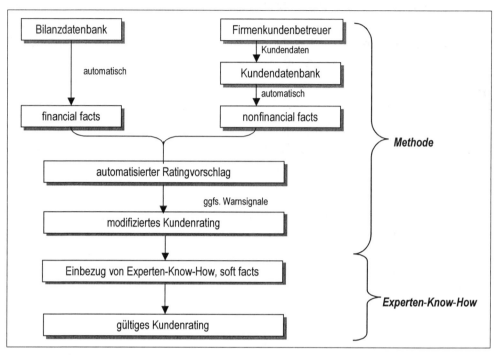

Abbildung 50: Ratingprozess

Über das Rating hinaus beinhaltet die Kreditentscheidung insbesondere die Frage des Limits: Für wieviel ist mir der Kunde gut? Auf diese Frage gibt das Rating keine Antwort. Sie bleibt in der alleinigen Zuständigkeit der Analysten und Kreditentscheider. Es ist allerdings denkbar, dass in absehbarer Zukunft zur Unterstützung Planungsinstrumente mit herangezogen werden, mit denen man die Auswirkung der ins Auge gefassten Fremdfinanzierung auf das zukünftige Rating untersuchen kann.

Die folgende Übersicht stellt die „Ökonomischen Werthebel" eines trennscharfen Ratings dar (Abbildung 51).

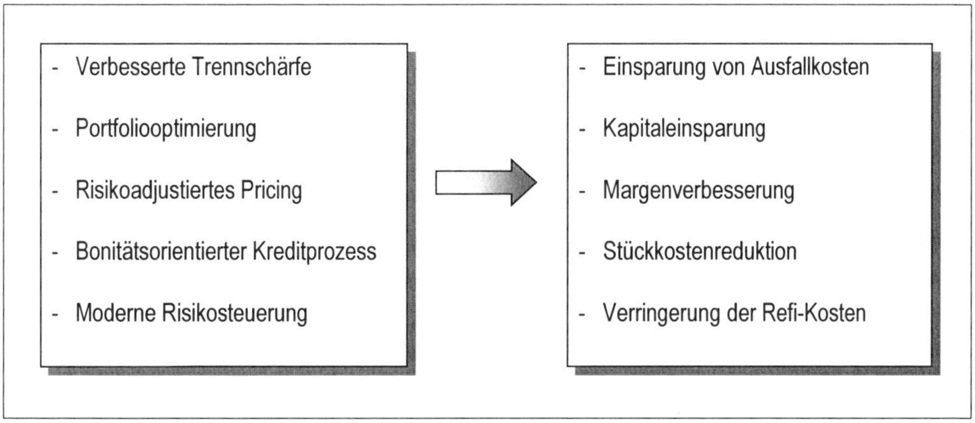

- Verbesserte Trennschärfe
- Portfoliooptimierung
- Risikoadjustiertes Pricing
- Bonitätsorientierter Kreditprozess
- Moderne Risikosteuerung

⇒

- Einsparung von Ausfallkosten
- Kapitaleinsparung
- Margenverbesserung
- Stückkostenreduktion
- Verringerung der Refi-Kosten

Abbildung 51: „Ökonomische Werthebel" eines trennscharfen Ratings

Der Entschluss, ein mathematisch-statistisch fundiertes Rating an prominenter Stelle in den Kreditprozess einzubeziehen, stellt einen Meilenstein dar. Der Bau und die Implementierung eines solchen Ratings stellt hohe Anforderungen an die Datenkultur. Das Rating-Projekt hat eindrucksvoll gezeigt, wie wertvoll und unverzichtbar historische Daten aus dem Kreditbereich sind, und dass sich Investitionen in Datenstrukturen lohnen. Darüber hinaus zeigt die Erfahrung, dass ein umsichtiges Change Management bei solchen Projekten ein entscheidender Erfolgsfaktor ist.

(2) WGZ-Bank-Projekt Exposure-at-Default

Neben der Bestimmung der Wahrscheinlichkeit für einen Kreditausfall ist es ein wesentliches Ziel der Kreditrisikomodellierung, die letztendliche Schadenshöhe (Loss Given Default, LGD) eines ausgefallenen Engagements zu prognostizieren. Der Kreditsaldo eines Engagements kann ja, insbesondere durch flexible Produkte wie Kontokorrentkredite, und zusätzlich durch Neu- und Anschlussgeschäfte, im Laufe der Zeit ganz erheblich variieren. Dies gilt insbesondere für die Zeit vor dem Eintreten eines Ausfallereignisses wie z. B. der Bildung einer Einzelwertberichtigung. Aber auch danach kann es noch zu erheblichen Modifikationen der Inanspruchnahme bzw. der Vertragssituation kommen. Der übliche Modellrahmen für die Behandlung dieser Problematik ist, dass man zunächst ein Prognosemodell für das Exposure-at-Default (EAD) baut. In einem zweiten Schritt wird die Schadensquote bestimmt, d. h., wieviel von dieser Inanspruchnahme im Mittel verloren geht (Severity). Als Formel:

$$\text{Loss Given Default} = \text{Exposure at Default} \cdot \text{Severity}$$

Die folgende Graphik zeigt den typischen Verlauf der Inanspruchnahme eines Kontokorrentkredites bei einem Ausfall des Kunden (Abbildung 52).

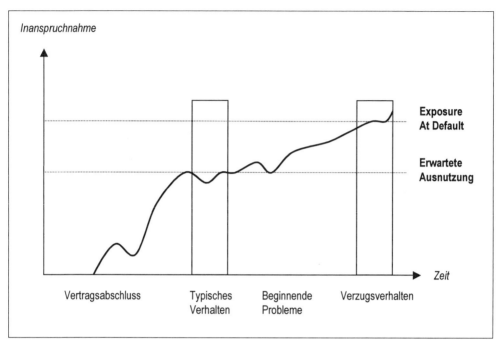

Abbildung 52: Beispielhafter Verlauf des EAD im Zeitablauf

Eine Nichtberücksichtigung der Tatsache, dass Kunden in der Not ihre Linien deutlich höher ausnutzen als ohne Not würde zu einer ganz falschen Schätzung des EAD und damit zu risikotechnisch falschen Konditionen für Kontokorrentkredite führen. Die WGZ-Bank hat kunden- und produktspezifisch entsprechende Analysen auf der Basis ihrer historischen Daten für die EWB-Fälle der 90er Jahre vorgenommen. Dazu wurde die Höhe der Ausnutzung der Linien im Verzugsfall der entsprechenden Inanspruchnahme bei der „letzten guten Bonität" gegenübergestellt.

Das Projekt erforderte einen erheblichen manuellen Aufwand, da nicht alle Daten vollständig elektronisch bereitgestellt werden konnten. Auch die Qualitätssicherung war sehr aufwendig. Wegen der Gefahr des „garbage in, garbage out" sollte man aber vor diesem Aufwand keinesfalls zurückschrecken. Ergebnis des inzwischen abgeschlossenen Projekts ist neben den konkreten Parameter- und Modellschätzungen u. a. ein umfangreicher Datenanforderungskatalog, der helfen wird, die Daten für die zukünftigen Weiterentwicklungen des Modells mit weniger manuellem Aufwand zusammenzustellen.

(3) WGZ-Bank-Projekt Severity

Mit Hilfe von Severity-Parametern wird geschätzt, welcher Anteil des EAD als finanzieller Verlust tatsächlich zu Buche schlägt, also wie hoch die Schadensquote ist. Dabei ist zunächst zu berücksichtigen, dass aus einer EWB nicht notwendig ein finanzieller Verlust wird. Wie die nachfolgende Graphik zeigt, unterscheiden wir drei Szenarien (Abbildung 53).

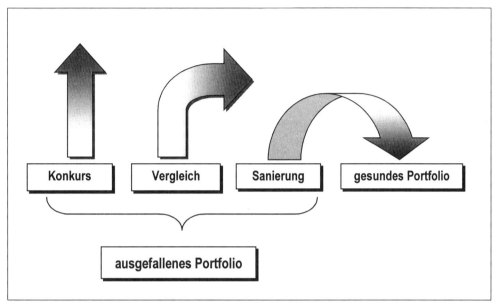

Abbildung 53: Mögliche Entwicklung ausgefallener Forderungen

Es kann sein, dass eine EWB wieder aufgelöst wird, ohne dass ein finanzieller Schaden entstanden ist (Sanierung). Sollten Vergleichsverhandlungen zu dem Ergebnis führen, dass sich die Bank ohne eine Verwertung der Sicherheiten etc. nach einem Verzicht auf einen Teil der Forderungen besser stellt, wird das Engagement als Vergleich klassifiziert. Kommt es zu einer Verwertung der Sicherheiten, sprechen wir von Konkurs. Auch hier sind unter Umständen neben den Sicherheiten noch Rückflüsse denkbar. Die drei Szenarien treten mit gewissen Wahrscheinlichkeiten ein, die aus der Historie geschätzt werden. Die Konkurs-, Vergleichs- und Sanierungswahrscheinlichkeiten sind wichtige Severity-Parameter.

Nach der Bestimmung der Szenarien waren zu bestimmen: Erlösquoten für die verschiedensten Sicherheitenarten, mittlere Erlöse aus der Konkursmasse (Konkursquote) und mittlere Erlöse aus Vergleichsverhandlungen (Vergleichsquote). Schließlich sind über all dies hinaus am Ende noch Zins- und Abwicklungskosten zu berücksichtigen. Die möglichen Blöcke des Severity-Geschehens verdeutlich die folgende Graphik (Abbildung 54):

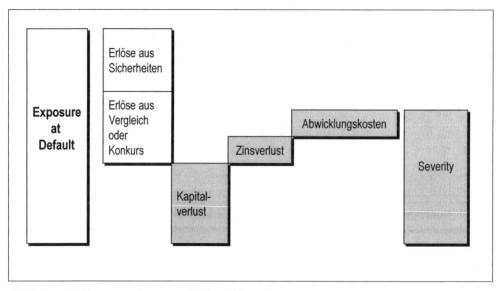

Abbildung 54: Zusammenhang von EAD und Severity

3. WGZ-Bank-Projekt Pricing

Die WGZ-Bank hat den Aufbau eines risikoadjustierten Pricing-Moduls weitgehend abgeschlossen. Die nachfolgende Abbildung zeigt, wie der Kundenzinssatz für ein gegebenes Kreditprodukt zustande kommt (Abbildung 55).

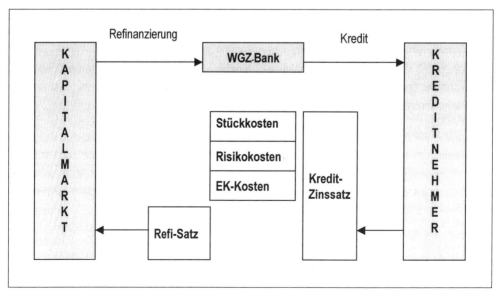

Abbildung 55: Komponenten der Kreditkondition

Neben den Stückkosten sind die Risikokosten und die Eigenkapitalkosten die wesentlichen Kostenblöcke, die in den Kredit-Zinssatz eingehen. Die Risikokosten bestimmen sich aus dem Erwarteten Verlust, dessen Schätzung weiter oben beschrieben wurde. Die risikoadjustierte Zumessung von Eigenkapital zu einem Kreditgeschäft, also die Bestimmung des sogenannten „Ökonomischen Eigenkapitals", ist vielschichtig. Streng genommen benötigt man dafür ein Portfolio-Modell. Im Rahmen einer Pricing-Kalkulation verzichtet man aus jedoch auf ein komplexes Modell und approximiert den Kapitalbedarf durch relativ einfache Formeln. Ein Prototyp für eine solche Approximation ist z. B. die Eigenkapitalformel des vorgeschlagenen Basel-II-Regelwerks. Die Parameter in solchen Formeln sind aber in jedem Fall der Situation im eigenen Portfolio anzupassen, müssen also die Korrelations- und Konzentrationsverhältnisse angemessen widerspiegeln.

Die nachfolgende Graphik zeigt anschaulich, wie die bisher beschriebenen Risikomodule im Rahmen einer Pricing-Systematik nach RAROC (Risk Adjusted Return On Capital) zusammenspielen (Abbildung 56).

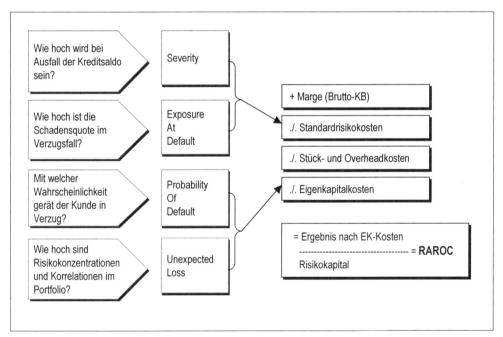

Abbildung 56: Pricing-Systematik nach RAROC

III. Die WGZ-Bank und Basel II

Die geplanten Neuerungen für die Vorschriften zur Eigenkapitalunterlegung im Kreditgeschäft (Basel II) stellen für alle Banken eine Herausforderung dar. Die WGZ-Bank hat bereits nach Eröffnung der ersten Konsultationsrunde eine Stellungnahme abgegeben. Der BVR hat die Stellungnahmen seiner Mitglieder gebündelt und in die Stellungnahme des Zentralen Kredit-Ausschusses eingebracht. Wesentliche Kritikpunkte in der WGZ-Stellungnahme waren:

- Teile der Regelungen sind intransparent und kaum nachvollziehbar.
- Der Einschluss des erwarteten Verlustes in die EK-Unterlegung ist zweifelhaft.
- Partial Use sollte wenigstens übergangsweise möglich sein.
- Die Kalibrierung des Modells soll nachvollziehbar dokumentiert werden.
- Laufzeitaufschläge sind zweifelhaft und nicht nachvollziehbar begründet.

Diese Kritikpunkte wurden und werden von vielen anderen Diskussionsteilnehmern geteilt und haben auch schon partiell eine Berücksichtigung gefunden. Von der Kritik an der Ausgestaltung einzelner Punkte abgesehen, bejaht die WGZ-Bank jedoch die geplanten Neuregelungen, weil sie das betriebswirtschaftlich Vernünftige fördern.

Die drei Stufen von Basel II und der Zusammenhang mit WGZ-Bank-Projekten sind in der folgenden Tabelle dargestellt (Abbildung 57):

Standard Approach	IRB Foundation Approach	IRB Advanced Approach
Vorgaben für EDF	Bankeigene Schätzungen für EDF Jahre Historie erforderlich ⇨ W&S Rating, Zentralbanken, BVR ⇨ BVR-II-Rating	Bankeigene Schätzungen für EDF 7 Jahre Historie erforderlich ⇨ W&S-Rating, Zentralbanken, BVR ⇨ BVR-II-Rating
Vorgaben für EAD	Vorgaben für EAD	Bankeigene Schätzungen für EAD 5 Jahre Historie erforderlich ⇨ WGZ-Bank-Projekt EAD
Vorgaben für LGD	Vorgaben für LGD	Bankeigene Schätzungen für LGD 5 Jahre Historie erforderlich ⇨ WGZ-Bank-Projekt Severity

Abbildung 57: Umsetzung der Baseler Vorschläge durch WGZ-Projekte

Die Anforderungen an Daten und Methoden wachsen von links nach rechts. Gleichzeitig nehmen die Chancen auf eine Einsparung von Eigenkapitalkosten zu.

Die WGZ-Bank hat eine Reihe von Maßnahmen ergriffen, um sich rechtzeitig für Basel II zu wappnen:

- Zentrale Koordination der Basel-Aktivitäten
- Hoher Stellenwert durch Ansiedlung des Themas auf der Vorstandsebene
- Bestandsaufnahme: Untersuchung der Geschäftsbereiche auf Baseltauglichkeit
- Teilnahme an Untersuchungen der Aufsichtsbehörden, z. B. an den Impact Studies
- Forcierung vorhandener Projekte zur Parametrisierung der bankweit einheitlichen Risikomessung

Die nachfolgende Graphik zeigt den bonitätsabhängigen Verlauf der Eigenkapitalunterlegung nach Standard-, IRB-Basis und IRB-Advanced Approach für einen Kredit mit einer Laufzeit von 3 Jahren (Abbildung 58). Der tatsächliche Verlauf der Kurven wird sich durch Parameterveränderungen im Basel-II-Entwurf sicherlich noch ändern. Die Graphik soll aber grundsätzlich zeigen, dass es in Abhängigkeit von der Bonität des Schuldners einen „break-even"-Punkt mit der Unterlegung durch Eigenkapital nach Grundsatz I gibt.

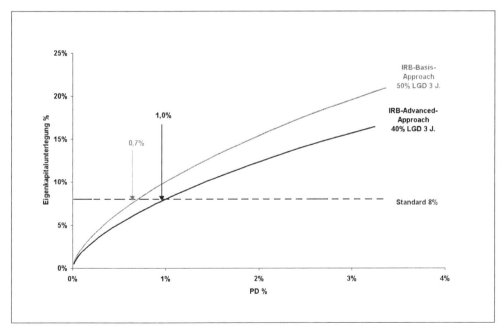

Abbildung 58: Eigenkapitalunterlegung nach den Baseler Unterlegungsansätzen

IV. Ausblick

Nach ihren bisherigen Erfahrungen fühlt sich die WGZ-Bank für den Basel II-Prozess gut aufgestellt. Die bisherigen praktischen Erfahrungen haben viele Schwierigkeiten, insbesondere im Bereich Datenverfügbarkeit und Datenkultur aufgezeigt, die es noch zu meistern gilt. Wir sind aber fest davon überzeugt, dass es sich lohnt, an diesem Thema konsequent weiterzuarbeiten, nicht nur weil es aufsichtsrechtlich erforderlich oder opportun ist, sondern auch, weil nur so die Grundlage für einen nachhaltigen Erfolg der WGZ-Bank und ihrer Mitgliedsbanken im mittelständischen Kreditgeschäft gelegt werden kann. Der Erfolg liegt nicht zuletzt auch im Interesse unserer mittelständischen Kunden, deren Wettbewerbsfähigkeit durch risikoadäquate Kreditkonditionen verbessert werden kann.

Basel II – Revolution im Kreditgewerbe und in der Bankenaufsicht

Jochen Sanio

Präsident
Bundesaufsichtsamt für das Kreditwesen

Redner haben oft die nervende Angewohnheit, einleitend den Gegenstand ihrer Betrachtungen in den höchsten Tönen zu preisen: fast immer handelt es sich um die interessanteste, bedeutendste, aufregendste Sache der letzten Jahre, wenn nicht sogar um die letzten Dinge der Menschheit. Es wäre mir heute Nachmittag ein leichtes, mit solchen Übertreibungen zu arbeiten, lassen sich doch genügend gewichtige Stimmen zitieren, die „Basel II" zur Schicksalsfrage für die deutsche Wirtschaft erklärt und damit zu einem brisanten Politikum gemacht haben, das sogar im nächsten Bundestagswahlkampf eine Rolle spielen könnte.

Doch trotz der riesigen Beachtung, die „Basel II" als zukünftiges Weltaufsichtsregime über die üblichen Fachkreise hinaus findet, verschafft mir seine Behandlung in öffentlicher Rede keine Glücksgefühle: Zum einen habe ich angesichts der ungeheuren Komplexität der Materie erhebliche Zweifel, ob es mir gelingt, in der kurzen Zeit der Tragweite von „Basel II" auch nur annähernd gerecht zu werden. Noch heikler wird das Thema dadurch, dass die seit Jahren laufenden Verhandlungen in Basel aus deutscher Sicht recht weit von einem erfolgreichen Abschluss entfernt sind. Zwischen allen Beteiligten in unseren Lande besteht Einigkeit, dass in den nächsten Wochen und Monaten noch wesentliche deutsche Anliegen durchgesetzt werden müssen, damit wir am Ende unsere Zustimmung zu dem neuen Regelwerk geben können. Hier steht uns noch ein harter Kampf bevor, dessen Ausgang ungewiss ist. In der letzten Sitzung des Baseler Ausschusses für Bankenaufsicht, die vor drei Tagen stattgefunden hat, ist erneut deutlich geworden, dass etliche der dort vertretenen Institutionen zur Zeit wenig Bereitschaft zeigen, in wichtigen Punkten Lösungen mitzutragen, die für Deutschland akzeptabel sind. Ich stecke damit in der wenig schönen Situation, mich mit einem Gebilde befassen zu müssen, dessen endgültiger Inhalt bei weitem nicht feststeht und hinter dessen Zustandekommen von deutscher Seite sogar ein kräftiges Fragezeichen gesetzt werden muss.

Obwohl die Lage eigentlich ziemlich ernst ist, gestatte ich mir heute den Luxus, optimistisch zu sein, indem ich auf den Baseler Einigungszwang setze, der in der Vergangenheit so oft Wunder gewirkt hat. Da alle beteiligten Aufsichtsinstanzen an die gefundenen Lösungen gebunden sein sollen, ist jede Entscheidung in Basel dem Konsensualprinzip unterstellt, d. h. jedem Teilnehmer ist ein Vetorecht eingeräumt. Diese individuelle Machtposition führt dazu, dass die Mitglieder des Baseler Ausschusses, die ihre nationalen Interessen nicht aus den Augen verlieren dürfen, regelmäßig heftig zwischen Kooperation und Konflikt schwanken, weil jede kooperative Lösung gleichzeitig mit der Akzeptanz von Verteilungsvorteilen für die eine oder andere Seite verbunden ist.

In den letzten Jahren hat dieses Verhaltensmuster die Arbeit in Basel aber nicht wirklich beeinträchtigt, denn alle nationalen Aufseher sind grundsätzlich an einer Einigung auf internationale Standards der Risikobegrenzung interessiert, die den Ausbruch einer internationalen Finanzkrise weniger wahrscheinlich machen sollen. In seiner mehr als 25jährigen Geschichte ist es dem Baseler Ausschuss bisher jedes Mal gelungen, mit seinem Einigungsproblem fertig zu werden. In allen Fällen hat sich das gemeinsame Interesse an einer Einigung am Ende stärker als die scheinbar unüberbrückbaren Meinungsgegensätze erwiesen, denn alle Ausschussmitglieder fürchten die Destabilisierung des Weltfinanzsystems, die mit einem Zurückfallen auf den unerwünschten, eigentlich überwundenen Zustand der Nichtkooperation verbunden wäre. In all den Jahren hat niemand bislang die Verantwortung dafür übernehmen wollen, dass eine leichtfertig herbeigeführte Veto-Blockade nicht durch die Erfüllung seiner Forderung beendet wird, sondern dass die angestrebte weltweite Regulierung wegen Nichteinigung insgesamt scheitert. Im Falle des wichtigen Projekts „Basel II" würde dies zum GAU führen, dem Ende des Baseler Ausschusses. Wer in Basel das Spiel mit dem Abgrund treiben will, sollte sich deshalb zuvor seiner Nervenstärke vergewissern!

Da mir aus eigener Erfahrung die Schwierigkeiten der sich bei „Basel II" über Jahre hinziehenden Verhandlungen nur zu schmerzlich bewusst sind, weiß ich die bisher erreichten deutschen Verhandlungserfolge zu schätzen, womit ich allerdings immer mehr allein stehe. Meine zufriedene Grundtendenz unterscheidet mich von vielen selbst ernannten „Basel II"-Auguren, die aus sicherer Entfernung meinen, Deutschland könne im Baseler Sitzungsraum mit leichter Hand dem Rest der Welt seine Bedingungen diktieren.

Der aus meiner Sicht größte deutsche Gewinn ist schon im Zweiten Konsultationspapier des Baseler Ausschusses vom Januar 2001 erzielt worden. Er liegt darin, bei den Regeln zur Bestimmung des Risikogehalts von Krediten Alternativen durchgesetzt zu haben, die auch von kleinen Banken angewandt werden können. Damit meine ich in erster Linie die Zulassung des bankinternen Ratings mit seinen zwei Varianten, dem einfachen „foundation approach" und dem erheblich anspruchsvolleren „advanced approach". Selbst die letztgenannte Methode, die den Banken im Rahmen einer in sich schlüssigen Anreizstrategie die vorteilhaftesten Eigenkapitalunterlegungssätze bescheren wird, ist für kleine Banken nicht außer Reichweite.

Das bankinterne Rating wird die Durchführung des Kreditgeschäfts in Deutschland revolutionieren, indem es bahnbrechende Möglichkeiten für institutsspezifische Eigenkapitalentlastungen schafft. Der neue Baseler Eigenkapitalstandard wird mit seiner neuen Methodik eine viel genauere Abbildung der Kreditrisiken erreichen und mit seiner Risikosensitivität eine sorgsame Differenzierung der Eigenkapitalanforderungen ermöglichen. Die zukünftige Feinabstufung der Risiken wird das bisherige Auseinanderdriften von regulatorischen und ökonomischen Kapital, wie es die Banken mit ihrer eigenen Risikoanalyse berechnen, weitgehend abstellen.

Die qualitativen Anforderungen, die jede Bank erfüllen muss, die das interne Rating betreiben will, sind - nicht zuletzt durch den deutschen Einfluss - so gestaltet worden, dass viele Institute Ihnen heute schon gerecht werden. Leicht überspitzt lässt sich formulieren, dass sich in

Zukunft bei einer Bank, die von diesen Anforderungen abgeschreckt wird, fast der Umkehrschluss aufdrängen muss, ihr Risikomanagement liege ziemlich im argen.

Die Banken werden sich aber darauf einstellen müssen, dass sie in Zukunft über einen Risikosteuerungs- und managementprozess verfügen, der ihrer Geschäftsstruktur und ihrem Risikoprofil adäquat ist und der aufsichtlich im Rahmen des „supervisory review process" (kurz „SRP") auf seine Angemessenheit kontrolliert wird. Der SRP, wie er in der Säule 2 des kommenden Baseler Eigenkapitalakkords niedergelegt sein wird, verkörpert die neue Strategie einer verstärkt präventiv agierenden Bankenaufsicht, die sich mehr als bisher auf die *qualitativen* Aspekte der Begrenzung der Bankrisiken konzentrieren wird. Nirgendwo wird die Herausforderung, die Basel II für die Bankenaufsicht bedeutet, so deutlich wie hier. Haben wir bisher vor allem die Einhaltung rein quantitativer Aufsichtsvorgaben vom Schreibtisch aus überwacht, so müssen wir uns nun völlig neu aufstellen für die Prüfung hochkomplexer Sachverhalte wie das Risikomanagement oder das interne Rating.

Im Moment sind wir allerdings noch damit beschäftigt, für Deutschland weitere Verbesserungen in der Säule 1 des neuen Eigenkapitalakkords zu erreichen, der Eigenkapitalregelung im engeren Sinne. Das Zweite Konsultationspapier ist eine gute Ausgangsbasis zur Durchsetzung der weitergehenden deutschen Anliegen, die zusammenfassend vom Deutschen Bundestag in seiner parteienübergreifenden Resolution vom 31. Mai 2001 formuliert worden sind. Der Bundestag hat einen ziemlich umfangreichen Forderungskatalog aufgestellt, der im wesentlichen fünf zentrale Verhandlungsziele beinhaltet:

- Neutralität der Gesamtbelastung, d. h. Festlegung der Anrechnungssätze für das Kreditrisiko und die operationellen Risiken in einer Weise, dass die Eigenkapitalanforderungen für das deutsche Kreditgewerbe als Ganzes nicht steigen und insbesondere risikoüberzeichnende Belastungen für Kredite an den Mittelstand vermieden werden

- keine ungerechtfertigten Eigenkapitalzuschläge bei den Anrechnungssätzen für mittel- und langfristige Kredite

- Anerkennung bewährter Kreditsicherheiten, insbesondere auch des Mittelstandes, als anrechnungsmindernd

- anrechnungsmäßige Gleichstellung von Aktien und Unternehmensbeteiligungen mit den entsprechenden Unternehmenskrediten und

- praxisgerechte Ausgestaltung der bankaufsichtlichen Anforderungen für die erstmalige Nutzung des bankinternen Ratings, damit alle Banken eine faire Chance haben, die neuen Anrechnungsmethoden ab dem In-Kraft-Treten von Basel II anzuwenden.

Gestärkt durch diese Bundestagsentschließung, mit der die deutsche Verhandlungsposition in Form einer politischen Handlungsanweisung abschließend definiert worden ist, sind wir in die letzte Schlacht um „Basel II" gezogen. Die meisten unserer Wünsche stoßen zwar auf wenig Gegenliebe, und teilweise stehen uns harte Ablehnungsfronten gegenüber, aber wir haben in den letzten Monaten auch einige positive Entwicklungen in Gang gebracht. In seiner Presseverlautbarung vom 25. Juni 2001 hat der Baseler Ausschuss bei den Krediten an den Mittelstand ein grundsätzliches Entgegenkommen in der Frage der Eigenkapitalunterlegung in Aussicht gestellt. Dieses Versprechen muss nun so schnell wie möglich mit Inhalt gefüllt werden, wozu der Ausschuss auch bereit ist. In der Sitzung am vergangenen Dienstag ist beschlossen worden, alle Möglichkeiten zu untersuchen, die geeignet sind, übermäßige regulatorische Eigenkapitalbelastungen bei der Kreditfinanzierung des Mittelstandes zu vermeiden. Ich denke, angesichts des guten Willens im Baseler Ausschuss besteht für den deutschen Mittelstand, der sich von dem Anrechnungsverfahren des internen Ratings in seiner Existenz bedroht sieht, zur Zeit kein Grund zur Panik. Das Zweite Konsultationspapier ist bereits jetzt in weiten Teilen überholt und sollte niemandes Puls in die Höhe treiben. Alle modellmäßigen Rechenexempel, die im Ergebnis eine mögliche Verteuerung der Kreditkonditionen für den deutschen Mittelstand aufzeigen, beziehen sich auf Überlegungen, die längst Makulatur geworden sind, und können nur noch ein historisches Interesse beanspruchen. Auch hier gilt der Grundsatz: Abgerechnet wird zum Schluss!

Warum also die hochgradige Erregung, die immer größere Kreise zieht? Steht dahinter vielleicht die Furcht, das interne Rating könne die Wahrheit über die Bonität so manchen Unternehmens an den Tag bringen, dessen bisherige vorteilhafte Kreditkonditionen dem tatsächlich bestehenden Ausfallrisiko nicht gerecht werden? Vielfach wird behauptet, das „Basel II" schon heute zu Konditionenverschlechterungen oder sogar Kreditkündigungen führe. Das ist natürlich der reine Mumpitz, denn „Basel II" wird frühestens im Jahre 2005 in Kraft treten. Was aber nichts daran ändert, dass sich eine Bank, die ihr Kreditportfolio neu ordnet und endlich zu einer risikobewussten Konditionengestaltung kommen will, im Kundengespräch negative Entscheidungen mit dem Hinweis auf „Basel II" begründet. Was wissen schon die Kunden darüber, dass ertragsschwache deutsche Institute es sich nicht länger leisten können, schlechtere Kreditrisiken weiter ohne adäquate Risikoprämie mitzuschleppen. Lange bevor „Basel II" seine segensreiche Wirkung entfalten kann, werden die deutschen Kreditinstitute die konditionenmäßige Subventionierung von Kreditnehmern eingestellt haben. Jeder unhaltbare Zustand muss früher oder später beendet werden, das gilt auch für die deutsche Kreditwirtschaft.

Bei all dem Barmen um die Finanzierung des Mittelstandes gerät leider völlig in Vergessenheit, dass das bankinterne Rating-Verfahren für wirtschaftlich gesunde Kreditnehmer, bei denen das Bonitätsurteil der kreditgewährenden Bank positiv ausfällt, eigentlich nur von Vorteil sein kann, was ihre zukünftigen Kreditkonditionen anbelangt. Die Banken werden es in der Hand haben, die wirtschaftliche Stärke gut geführter mittelständischer Unternehmen nach ihren eigenen Beurteilungskriterien zu würdigen, ohne dass ihnen dabei die deutsche Bankenaufsicht Vorgaben zum Rating-Prozess machen wird.

Mittelständische Kreditnehmer, die über das bankinterne Rating in den Genuss besserer Konditionen kommen wollen, müssen jedoch dafür die notwendigen Voraussetzungen schaffen, denn Vergünstigungen haben ihren Preis. Das interne Rating gründet sich auf eine fundierte Bonitätsanalyse der gewerblichen Kreditnehmer und verlangt deshalb von den Banken eine verstärkte „Durchleuchtung" jedes einzelnen mittelständischen Kreditkunden. Hier wird sich der deutsche Mittelstand, der oft einen Hang zur Geheimniskrämerei zeigt, rechtzeitig umorientieren müssen, denn ohne Transparenz ist Rating nicht möglich. Unternehmen, die hierzu bereit sind, werden vom bankinternen Rating letztlich erheblich profitieren. Denn professionell erstellte Ratings liefern den Unternehmen qualifizierte Analysen über ihre Stärken und Schwächen. Diese Analysen könnten die Unternehmen nutzen, um bei späteren Kreditvergaben bessere Qualitätseinstufungen zu erhalten, die sich dann wiederum positiv auf ihre Kreditkonditionen auswirken werden. Wer diese Chancen nutzen kann, für den wird der bedrohliche Schatten des Damokles-Schwertes, das angeblich über unserem Mittelstand schwebt, sehr schnell verblassen. Und was uns deutsche Vertreter in Basel angeht, so werden wir bei allen noch offenen Fragen mit der größtmöglichen Überzeugungskraft, aber auch mit der notwendigen Härte antreten, um optimale Lösungen für unsere mittelständische Wirtschaft zu erreichen.

Wie könnte ein vernünftiges Mittelstandspaket in Basel geschnürt werden? Geht man davon aus, dass viele mittelständische Unternehmen nicht zu den Top-Bonitäten gehören, so ließen sich für sie Anrechnungsminderungen durch eine Abflachung Risikogewichtungsfunktion beim internen Rating erreichen; dadurch würde die Eigenkapitalunterlegung beim Übergang von den guten Bonitäten (der A-Bereich in der Terminologie von Standard & Poor's) zu den weniger guten Bonitäten (der B-Bereich) *generell* weniger stark ansteigen. Das gleiche Ergebnis ließe sich durch die Entwicklung einer eigenen Risikogewichtungsfunktion für mittelständische Unternehmen erreichen, die was den Anstieg der Anrechnungssätze anbelangt, zwischen der Risikogewichtungskurve für das Retail-Geschäft und der steileren Kurve für Unternehmenskredite verlaufen könnte. Diese Variante, die von den deutschen Vertretern befürwortet wird, stößt bei anderen Ausschussmitgliedern auf starke Ablehnung, da es keine allgemeingültige Definition für mittelständische Unternehmen gibt, denn deren Kriterien fallen entsprechend der Größe der jeweiligen Volkswirtschaft von Land zu Land höchst unterschiedlich aus. Zum Beispiel zählen in den USA zu den mittelständischen Unternehmen Betriebe mit bis zu 1.500 Beschäftigten, während sich die EU an einer Unternehmensgröße von 250 Beschäftigten orientiert. Deshalb wird es nicht gelingen, eine weltweit gültige Mittelstandsdefinition festzulegen, und es bleibt nur die Möglichkeit nationalen Ermessens mit der Gefahr, dass am Ende das berühmte „level playing field" nicht mehr eben ist. Wir wären bereit, das im Interesse des deutschen Mittelstandes ausnahmsweise hinzunehmen, andere Länder jedoch schrecken vor den damit verbundenen Manipulationsmöglichkeiten zurück, wofür ich durchaus Verständnis habe.

Ein weiterer offener Punkt im Rahmen eines wirkungsvollen „Mittelstandspaketes" betrifft den Kreis der Sicherheiten, die zu einer Reduzierung der Eigenkapitalunterlegung für Kredite führen. Bereits im Zweiten Konsultationspapier ist der Katalog der anerkennungsfähigen Sicherheiten sehr weit gefasst worden, doch nun wird in Basel erwogen, ihn nochmals auszudehnen, um die Anrechnungssätze für Mittelstandskredite weiter nach unten zu drücken. Für viele Mitglieder des Ausschusses ist diese Art der Absenkung das Mittel der Wahl einer wohlverstandenen Mittelstandsförderung. Meiner Einschätzung nach wird man aber damit allein nicht die Größenordnung erreichen, die wir als notwendig erachten.

Obwohl man sich im Ausschuss in der Zielrichtung einig ist, hat man bisher nicht das Problem überzeugend lösen können, wie man weltweit gültige Regelungen für die Anerkennung von physischen Sicherheiten formuliert. Auch hier findet man keine objektiven Kriterien, die überall anwendbar sind und zu vernünftigen Ergebnissen führen. Die Idee, nur solche Sachsicherheiten anzuerkennen, für die es objektiv ermittelbare nationale Marktpreise gibt, will auf den ersten Blick einleuchten, birgt aber die Gefahr starker Wettbewerbsverzerrungen sowohl im nationalen als auch internationalen Bereich. Wenn wir nur einmal Deutschland nehmen, wofür existieren hier funktionierende Sekundärmärkte? Man denkt sofort an Kraftfahrzeuge. Aber sollte etwa ein Fuhrunternehmer leichter Kredite erhalten können, als ein mittelständischer Betrieb, der Spezialprodukte herstellt, die sich zwar auch verwerten lassen, aber für die es keine einfach feststellbaren Marktpreise gibt? Am Ende wird sich der Baseler Ausschuss zu einer Entscheidung durchringen, denn das Mittelstandsthema hat mittlerweile einen solchen Stellenwert erlangt, dass man gordische Knoten, in die es verwickelt ist, einfach durchhauen wird – hoffentlich mit einer glücklichen Hand.

Ein weiterer mittelstandsrelevanter Schauplatz, auf dem unsere höchste Kampfbereitschaft gefordert sein wird, ist der Streit um die Laufzeitzuschläge und -abschläge, die sog. „maturity adjustments". Dabei liegt für Deutschland das Problem in den Zuschlägen, die im „advanced approach" des internen Ratings bei den Anrechnungssätzen für langfristige Kredite gemacht werden sollen. Während der Baseler Ausschuss beim „foundation approach" bisher bei allen Engagements – unabhängig von der tatsächlichen Laufzeit – auf eine Durchschnittslaufzeit von drei Jahren abstellen will, soll im „advanced approach", der nicht auf solchen Simplifizierungen aufbauen darf, für jede Bonitätsklasse die gewichtete tatsächliche Restlaufzeit der Kredite zugrunde gelegt werden. Je langfristiger der Kredit, desto höher der Zuschlagsfaktor für die Kapitalunterlegung, wobei wahrscheinlich eine Kappungsgrenze bei fünf Jahren eingezogen würde. Was die Höhe der Zuschlagsfaktoren anbelangt, geht es nach den Vorstellungen insbesondere unserer amerikanischen Kollegen um Werte, die im Bereich von 600 % des

Unterlegungssatzes für einjährige Kredite liegen. Das sind Horrorzahlen für eine Volkswirtschaft wie die deutsche, die glücklicherweise noch in großem Maße langfristig finanziert ist.

Unsere Gegenspieler im Ausschuss haben überaus komplizierte Rechenmodelle entwickelt, die das bisherige Risiko langfristiger Kredite aufzeigen sollen, deren Anrechnungssätze dementsprechend um ein Vielfaches zu steigern seien. Zweifelsohne – und das erschließt sich schon dem Laien – sind langfristige Kredite länger der Ausfallgefahr unterworfen als kurzfristige. Auf der anderen Seite haben empirische Studien beispielsweise zur Asienkrise nachgewiesen, dass Kurzfristfinanzierungen die Fähigkeit von Finanzsystemen, Krisen zu bewältigen, entscheidend schwächen. Diese Erkenntnis hat sogar zu der These geführt, dass Kurzfristfinanzierungen von bis zu zwei Jahren Laufzeit mit Zuschlägen belegt werden sollten. Doch ein Malus für kurzfristige Kredite ist mit den Ländern nicht zu vereinbaren, deren Banken sehr kurzfristige Kreditportfolios aufweisen und die sich von „maturity adjustments" erhebliche Abschläge bei der Eigenkapitalbelastung versprechen.

Unser Ziel im Baseler Ausschuss wird es sein, die Vorgabe des Bundestages umsetzen: Danach muss verhindert werden, dass bei den internen Ratingverfahren kein unangemessener Zuschlag für mittel- und langfristige Kredite zum Tragen kommt, der die bewährte Finanzierungskultur in Deutschland nachhaltig in Frage stellen würde. Sie können versichert sein, dass die deutschen Mitglieder im Baseler Ausschuss jede Strafaktion dieser Art gegen das Langfristdenken kategorisch zurückweisen und keinen Beitrag dazu leisten werden, unser Land auf Kurzfristigkeit umzustellen. Der deutschen Wirtschaft muss auch in Zukunft die Gelegenheit erhalten bleiben, sich zu vertretbaren Kosten langfristig zu refinanzieren. Sie darf nicht über Bankaufsichtsregeln dem „short termism" fremder Provenienz unterworfen werden. Sollte die Ausschussmehrheit unser nationales Interesse mit Füßen treten, werden wir ohne zu zögern gegen den neuen Kapitalakkord unser Veto einlegen, wohl wissend, welche Konsequenzen damit heraufbeschworen würden.

Im Bereich des internen Ratings brennt der deutschen Kreditwirtschaft, aber auch dem Mittelstand ein weiteres Thema auf den Nägeln, die zukünftige Eigenkapitalunterlegung für Aktien und Beteiligungen. Nach dem heute geltenden Baseler Eigenkapitalakkord und unserer nationalen Solvenznorm entsprechen die Anrechnungssätze für Anteilsbesitz denjenigen für Kredite an Private. Diese Regelung ist eindeutig zu lax: Der Eigenkapitalgeber geht in der Insolvenz eines Unternehmens in aller Regel leer aus. Nicht umsonst wurde der Anteilsbesitz vom amerikanischen Nobelpreisträger Merton Miller, einem Meister der bildhaften Erklärungen, als „Magermilch" bezeichnet, während sich der Kreditgeber, der im Insolvenzfall eine Quote erhält und Sicherheiten verwerten kann, in der Insolvenz seines Schuldners an „Sahne" erfreuen kann. Die Verwirklichung des Prinzips der Risikosensitivität muss deshalb zu höheren Anrechnungssätzen bei Aktien und Beteiligungen führen, worüber die Ausschussmitglieder sich im Grundsatz auch einig sind.

Leider besteht vereinzelt aber die Tendenz, über das Ziel der adäquaten Eigenkapitalunterlegung von Anteilsbesitz hinauszuschießen. Dies träfe weltweit gesehen unsere Banken am härtesten, denn diese verfügen traditionell über einen großen Beteiligungsbesitz an Unternehmen mit guter Bonität, den sie vor Jahren und Jahrzehnten zu günstigen Bedingungen erworben haben und der, da er zum Niederstwert in den Bilanzen steht, mit Kurswertreserven reich gepolstert ist.

Für den Anteilsbesitz werden in Basel beim internen Rating zwei unterschiedliche Methoden diskutiert, die beide zu einer erhöhten Eigenkapitalanforderung für die Institute führen. Die Marktrisikomethode, die das Risiko in der möglichen Schwankung des Marktpreises sieht, wird von Deutschland abgelehnt. Wir favorisieren die Anwendung der für Kredite geltenden Risikomessmethode, den „PD/LGD-Ansatz", bei dem sich die Höhe der Eigenkapitalunterlegung nach den Parametern „probability of default" und „loss given default" richtet. Das bedeutet, es käme auf die Wahrscheinlichkeit einer Insolvenz des Beteiligungsunternehmens und die im Falle der Insolvenz für das Kreditinstitut erzielbare Quote an. Letztere geht für einen Aktionär, der die sog. „first loss position" hält, gemeinhin gegen Null, was ihn von einem Kreditgeber unterscheidet, der sich meistens aus werthaltigen Sicherheiten befriedigen kann. Auf diesem Unterschied würde sich die höhere Eigenkapitalunterlegung des Anteilsbesitzes gründen, denn der „loss given default" wäre mit 100 % anzusetzen, während für Kredite ein LGD-Prozentsatz von 50 % zur Anwendung kommen soll.

Von amerikanischer Seite wird die Marktrisikomethode mit großem Nachdruck propagiert. Offenbar wollen die US-Aufseher durch prohibitiv hohe Eigenkapitalunterlegungssätze die eigenen Banken von Daueranlagen in Aktien abhalten; andere Länder sind ähnlich negativ eingestellt. Angesichts dieser Ausgangslage sehe ich es als wichtigen deutschen Verhandlungserfolg an, dass die „PD/LGD-Methode" nunmehr ernsthaft als Alternative diskutiert wird. Ich halte es aber für kaum vorstellbar, dass im Rahmen dieser Methode für Aktien ein LGD-Prozentsatz von 50 % durchsetzbar ist, solange sich durch Datenmaterial nicht belegen lässt, dass bei Unternehmensinsolvenzen die durchschnittliche „recovery rate" der Anteilseigner bei 50 % liegt. Ich sehe nicht, wie Deutschland diese Zahl statistisch fundiert produzieren könnte. Zwischen Magermilch und Sahne liegen beim Fettgehalt eben etliche Prozentpunkte. Wenn es uns in den nächsten Monaten gelingen würde, diese Differenz in einem wirtschaftspolitisch noch erträglichen Rahmen zu halten, wäre schon viel gewonnen.

Schon heute kann Deutschland im Bereich Aktien/Beteiligungen auf ein großes Entgegenkommen bauen, das vor einiger Zeit kaum zu erhoffen war. Es scheint die Bereitschaft zu einem 10jährigen „grandfathering" zu bestehen, durch das die Altbestände an Aktien mit ihren hohen stillen Reserven für einen großzügig bemessenen Zeitraum von den zukünftigen Zusatzbelastungen bei der Eigenkapitalunterlegung freigestellt würden. Damit wäre sichergestellt, dass durch „Basel II" kein plötzlicher Verkaufsdruck entsteht, der zu erheblichen

Werteinbußen führen müsste. Die Banken, die auf großen Aktienpaketen sitzen und wiederholt ihren Willen bekundet haben, diese in marktverträglicher Weise abzubauen, hätten damit alle Möglichkeiten, ihre Strategie ungehindert weiter zu verfolgen.

Zuguterletzt möchte ich auf das für den Ausschuss schwierigste Problem zu sprechen kommen, das die Schlussphase der Beratungen überschatten wird: die Endkalibrierung des Akkords. Alle Einstellungen, die dem Zweiten Konsultationspapier zugrunde lagen, waren nur vorläufig und beruhten letztlich auf Mutmaßungen, da keine zuverlässige Datenbasis verfügbar war, an der man die Auswirkungen der verschiedenen Alternativen studieren konnte. Dies ändert sich gerade, da die „Quantitative Impact Study II" oder „QIS II" in Kürze das Instrumentarium zur Verfügung stellen wird, mit dem man erstmals die richtigen Entscheidungen zur Herstellung einer überzeugend austarierten Anreizstruktur treffen kann.

Durch diese Studie sollen im Wege eines repräsentativen Querschnitts – soweit es einen solchen überhaupt geben kann - die Auswirkungen von Basel II ermittelt werden. Dabei wird der wichtigste Teil der Studie, die sogenannten „quality distributions in the IRB", aus denen die Endkalibrierung abzuleiten ist, federführend von Deutschland betreut. An der „QIS II" sind mittlerweile über 150 Banken, sowohl international tätige als auch national tätige Institute aus allen 13 im Ausschuss vertretenen Ländern beteiligt. Eingeladen wurden ferner Banken aus anderen europäischen und sonstigen wichtigen Ländern, so dass insgesamt Daten aus 36 Ländern zur Verfügung stehen werden. Aus Deutschland nehmen 20 Banken teil (4 große und 16 kleine Institute); damit kommen die meisten teilnehmenden Banken aus Deutschland, was uns hervorragende Analysemöglichkeiten gibt, so dass wir zu fundierten Positionsbestimmungen kommen können.

Mit dem deutschen Datenmaterial der „QIS II" konnte die Deutsche Bundesbank erstmals Berechnungen anstellen, welche Auswirkungen „Basel II" auf die Kreditkonditionen mittelständischer Unternehmen haben könnten. Die Deutsche Bundesbank kommt zu dem Ergebnis, dass auf der Grundlage des Zweiten Konsultationspapiers die regulatorischen Eigenkapitalkosten für Kredite an kleine Unternehmen im Schnitt um bis zu 1,5 Prozentpunkte höher ausfallen könnten als für Kredite an große Unternehmen. Im Vergleich zu einem Kredit mit heutigen regulatorischen Eigenkapitalkosten würden die Zinsen für Kredite an große Unternehmen um 0,5 Prozentpunkte sinken, die Zinsen für Kredite an kleine Unternehmen hingegen um 1 Prozentpunkt steigen. Wir werden nun im weiteren Verlauf der Verhandlungen mit den QIS II-Daten nachrechnen, wie sich diese Unterschiede durch das zu schnürende Baseler Mittelstandspaket nivellieren. Angestrebt wird natürlich die Null vor und hinter dem Komma, doch das man am Ende das „fine tuning" so genau hinbekommt, halte ich für zweifelhaft. Schließlich werden nicht allein deutsche Rechnungen die Grundlage für die zu gewährenden Anrechnungserleichterungen sein.

Alle Entscheidungsträger in Basel sind sich von Anfang an einig gewesen, dass das Gesamtniveau der Eigenkapitalunterlegung im Durchschnitt, also für die Gesamtheit der beteiligten Kreditinstitute, unverändert bleiben soll. Unter dem Gesichtspunkt der Stabilisierung des Weltfinanzsystems darf das heute durch den Satz von 8 % definierte, recht niedrige Eigenkapitalniveau keinesfalls ausgehöhlt werden. Mit der 8 %-Marke bewegen wir uns meines Erachtens bereits am unteren Rand des Vertretbaren.

Mit der realistischen Vorgabe im Baseler Ausschuss, dass es beim status quo bleiben soll, ist aber noch nichts gewonnen, denn dabei steckt der Teufel nicht nur im Detail, sondern bereits im Grundansatz. Anhand welcher Zahlen misst man die Erreichung dieses Zieles? Hier wird es sicherlich zur härtesten Auseinandersetzung überhaupt kommen, da der Risikogehalt der Aktiva in den einzelnen nationalen Bankensystemen höchst unterschiedlich ist. Kalibriert man so, dass für Kreditnehmer der B-Kategorie (in der Standard & Poor's Terminologie) in Zukunft mehr als 8 % Eigenkapitalunterlegung verlangt wird, so erhöht man die Eigenkapitalanforderungen für Länder wie die USA, deren Banken eher riskantere Unternehmenskredite geben. Deutsche Banken, die noch einen gehörigen Anteil an A-Kreditnehmern besitzen, könnten wahrscheinlich mit dieser Einstellung leben, doch wo bliebe dann der deutsche Mittelstand? Sofern sich die Mehrheit der mittelständischen Kreditnehmer beim internen Rating in der B-Kategorie wiederfinden sollte, würden sich ihre Konditionen wahrscheinlich verschlechtern. Je nachdem welche der nahezu unzähligen Schräubchen man wie einstellt, könnte wegen der weltweit so unterschiedlichen Bankensysteme entweder das eine oder das andere System am Ende als Sieger dastehen. Wahrscheinlich werden alle Beteiligten am Ende unter allergrößtem Zeitdruck die endgültigen Entscheidungen treffen und sich mit immer neuen Kompromissvorschlägen auseinandersetzen müssen, deren Auswirkungen kaum einer in der Kürze der Zeit wird voll beurteilen können.

Resümierend lässt sich festhalten: Das neue Eigenkapitalregime für Banken hat immer noch die Chance, das zu werden, was man bei Beginn des Vorhabens vor drei Jahren schaffen wollte: ein risikosensitives und risikoadäquates System zur Eigenkapitalunterlegung im Kreditgeschäft, das die Stabilität der nationalen Finanzmärkte und des Weltfinanzsystems entscheidend verbessert. Bis zum Zieleinlauf müssen die Teilnehmer an diesem Großprojekt allerdings noch etliche Hürden überspringen. Um hier zu bestehen, braucht man einen langen Atem und einen enormen Durchhaltewillen, denn dieser Hürdenlauf geht nicht über die Kurzstrecke von 110 m oder die Stadionrunde, sondern wir befinden uns – wie mittlerweile auch der letzte gemerkt haben dürfte – in der härtesten Disziplin, dem auszehrenden 3000 m Hindernislauf mit regelmäßigen Sprüngen ins kalte Wasser. In den letzten Runden haben die Teilnehmer in Basel Konditionsschwächen erkennen lassen, und man könnte fast den Eindruck gewinnen, sie schleppten sich dem Ziel entgegen. Für den Endspurt bedarf es einer letzten großen Anstrengung aller, doch dann sollte es geschafft sein. Ich hoffe, dass sich zum Schluss in der beifallspendenden Menge auch die große Mehrheit der deutschen Zuschauer befinden wird.

Wir müssen ja nicht erster werden, solange wir nur einen eindrucksvollen Landesrekord hinlegen.

Stichwortverzeichnis

A

Advanced Approach ....
   S. fortgeschrittener IRB-Ansatz
Advanced Measurement Approach........109
Adverse Selection................28, 57, 78, 126
Akquisition 94
Anteilsbesitz 154
Ausfallwahrscheinlichkeit..5, 23, 46, 53, 76, 128, 135
Ausfallwahrscheinlichkeit, effektive......... 50

B

Bankinternes Rating ....
   S. Rating, internes
Barings 105
Basic Indicator Approach...........................
   S. Basisindikator-Ansatz
Basisansatz 23
Basisindikator-Ansatz 18, 108
Beteiligungen..155
Betriebskosten.. 54
Bonitätsbeurteilung 94

C

Capital Asset Princing Model (CAPM) 60
Cost of Capital 113

D

Diversifikation 131
Drei-Säulen-Konzept 3, 15, 42

E (Drei-Säulen-Prinzip section)

Drei-Säulen-Prinzip..................................
   S. Drei-Säulen-Konzept

E

EAD ....
   S. Exposure at Default
Economic Value Added (EVA) 113
Eigenkapitalkosten........................... 60, 79
Eigenkapitalniveau................................ 157
Eigenkapitalrendite 60
Ergebnisanspruch................................... 60
Erwarteter Verlust 6, 79, 80, 134
EVA ....
   S. Economic Value Added
Exposure at Default (EAD).............128, 139
Externes Rating ....
   S. Rating, externes

F

Finanzmarktaufsicht................................... 9
Fortgeschrittener Bemessungsansatz.........
   S. Advanced Measurement Approach
Fortgeschrittener IRB-Ansatz.5, 23, 46, 149
Foundation Approach ....
   S. IRB-Basisansatz
Frühwarnsystem 114
Funktionstrennung 85

G

Garantien... 7, 50
Granularität.. 30, 50
Granularitätsanpassung.................... 50, 69

H

Haircuts 49
Handelsbuch 42

I

Interne Rating-Systeme 65
Interner Bemessungsansatz 18
Internes Rating ....
  S. Rating, internes
Internes Ratingsystem 76
IRB- Ansatz 46
IRB-Ansatz 4, 22
  S. a. IRB-Basisansatz, fortgeschrittener IRB-Ansatz
IRB-Basisansatz 5, 46, 149

K

Kalibrierung 156
Kernkapital 42
Key-Risk-Indicators 116
Klumpenrisiko 30
Kompensationsprinzip 42
Kompetenzsystem 89
Konditionenverfall 18
Konditionsspreizung 63
Konjunkturzyklus 31
Konsultationsprozess 6
KonTraG 114
Kosten-Nutzen-Analyse 131
Kreditbewilligungskompetenz 89
Kreditderivate 7, 50
Kreditentscheidung 96
Kreditkondition 41, 151
Kreditportfoliosteuerung 80
Kreditportfoliostruktur 80
Kreditprozess 93
Kreditrisikominderungstechniken 7, 48
Kreditrisikosteuerung 123
Kreditvolumen 66

L

Landeszentralbank 10
Laufzeitanpassung 69
Laufzeitanpassungsfaktor 48
Laufzeitzuschläge 7, 153
level playing field 152
LGD ....
  S. Loss Given Default
Loss Distribution Approach ....
  S. Verlustverteilungsansatz
Loss Given Default (LGD) 139

M

MaH 84
MaK 9, 84
Margenkalkulation 60
Marktdisziplin 42
Markteinstandszins 54
Marktrisikomethode 155
Markt-to-market 62
Maturity Adjustment Factor 48
maturity adjustments 153
Mindesteigenkapitalanforderungen ... 15, 43
Mittelstand 151
Modifizierter Standardansatz 20

N

Netting 7

O

Ökonomisches Kapital 120
Offenlegungspflichten 43
Operational Risk Guideline 115
Operational Risk Map 115
Operationelles Risiko 7, 16, 18
Operatives Risiko 103, 104
Organisationsschema 88

P

PD ....
  S. Probability of Default
PD/LGD-Ansatz 155
Planung 83
Preiskompetenz 91
Preisuntergrenze 92
Pricing 78
Probability of Default (PD) 23, 46
Process Mapping 116, 117
Prozesskosten 55
Publizität 16

Q

Quantitative Impact Study 156

R

RaRoC ....
  S. Risk adjusted Return on Capital
Rating 75
Rating, externes 20, 27, 56, 68
Rating, internes 135, 149
Ratingkultur 77
Ratingprozess 138
Rechtsrisiko 106
Regelkreis 83
Renditeanspruch 59, 79
Reputationsrisiko 106
Return on Risk Adjusted Capital
  (RoRAC) 113
Risikoadjustiertes Pricing 142
Risikogewichte 44
Risikogewichtungsfunktion 6, 69, 152
Risikoprämie 78
Risiko-Return-Relation 130
Risikovorsorge 7
Risk adjusted Return on Capital
  (RaRoC) 143
RoRAC ....
  S. Return on Risk Adjusted Capital

S

Sachsicherheiten 153
Scorecard Ansatz 109
Self Assessment 116, 118
Severity 128, 139, 140
Sicherheiten 7, 49, 69, 153
Soll-Ist-Vergleich 84
Solvabilitätskoeffizient 42
SRP ....
  S. Supervisory Review Process
Standardansatz 4, 18, 108
Standardised Approach ....
  S. Standardansatz
Standardmethode 44
  S. Standardansatz
Standard-Risikokosten 57, 113
Strategisches Risiko 106
Supervisory Review Process (SRP) . 42, 150

T

Top-Down-Kapitalsteuerung 130
Transparenz 8

U

Überprüfungsverfahren 16
Unerwarteter Verlust 79, 80

V

Value-at-Risk 81
Verlusthäufigkeit 120
Verlusthöhe 120
Verlustverteilung 81
Verlustverteilungsansatz 19, 110
Vorsteuerung 84

W

w-Faktor 33, 49

Konzepte für das neue Jahrtausend

Anregungen für den Strukturwandel

Renommierte Autoren aus Wissenschaft und Praxis beschäftigen sich mit der fortschreitenden Globalisierung der Finanzindustrie, beschreiben den massiven Strukturwandel der vergangenen Jahre und geben Anregungen für die notwendigen Anpassungsstrategien an die veränderten Rahmenbedingungen von Banken und Versicherungen. Zahlreiche Details ermöglichen dabei einen klaren Blick auf die aktuelle Situation, vermitteln wichtige Schlussfolgerungen und geben wertvolle Hinweise für die Praxis.

Hans Tietmeyer,
Bernd Rolfes (Hrsg.)
Globalisierung der Finanzindustrie
Beiträge des Duisburger Banken-Symposiums
2001. XII, 213 S. Geb.
€ 44,50
ISBN 3-409-11906-X

State-of-the-Art des Börsengangs

Vor dem Hintergrund der zunehmenden Bedeutung des IPO-Sektors leisten herausragende Persönlichkeiten aus Wissenschaft und Unternehmenspraxis eine umfangreiche Analyse des „State-of-the-Art" des IPO-Managements in Deutschland. Im Rahmen von konzeptionellen und empirischen Beiträgen werden Initial Public Offerings eingehend aus Managementsicht beleuchtet.

Bernd W. Wirtz,
Eva Salzer (Hrsg.)
IPO-Management
Strukturen und Erfolgsfaktoren
2001. XIV, 546 S. Geb.
€ 49,00
ISBN 3-409-11835-7

Banking im 21. Jahrhundert

In über 7.500 Stichwörtern erfahren Sie alles, was Sie über Bank, Börse und Finanzierung wissen sollten. Sie erhalten umfassende und praxisgerechte Informationen zu allen Finanzprodukten und Finanzdienstleistungen, zum Bankmanagement und zu den neuesten bankrechtlichen Entwicklungen.

Jürgen Krumnow,
Ludwig Gramlich (Hrsg.)
Gabler Bank-Lexikon
Bank – Börse – Finanzierung
12., vollst. überarb. u. akt. Aufl.
1999. XVI, 1477 S. Geb.
€ 74,00
ISBN 3-409-46112-4

Änderungen vorbehalten. Stand: April 2002

Gabler Verlag · Abraham-Lincoln-Str. 46 · 65189 Wiesbaden · www.gabler.de

www.ecfs.de

Ziele

Intensivierung und Qualitätssteigerung der universitären Forschung und Bildung im Bereich der Finanzwirtschaft

Schaffung von praktischem Nutzen durch enge Verzahnung von Wissenschaft und Praxis

Internationale Anerkennung als Competence Center und „Think Tank" für bank- und finanzwirtschaftliche Fragen

Aufgaben

Praxisrelevante und auf aktuelle Probleme ausgerichtete Forschung

Erstellung von Expertisen

Wissensmanagement/Intermediation (Experten-Netzwerk, Information, Kommunikation)

Präsidium
Prof. Dr. Dr. h.c. mult. Hans Tietmeyer — Präsident
Dr. h.c. Eberhard Heinke — Vizepräsident

Direktorium
Prof. Dr. Bernd Rolfes — Direktor
Prof. Dr. Rainer Elschen — Direktor

Das ecfs dient als Forum für seine Mitgliedsinstitute – aber auch für Gäste – auf Symposien und Workshops über aktuelle Problembereiche und Fragestellungen zu diskutieren und fördert den Erfahrungsaustausch zwischen den verschiedenen Bereichen der Finanzdienstleistungsbranche.

Fachinformation auf Mausklick

Das Internet-Angebot der Verlage **Gabler, Vieweg, Westdeutscher Verlag, B. G. Teubner** sowie des **Deutschen Universitätsverlages** bietet frei zugängliche Informationen über Bücher, Zeitschriften, Neue Medien und die Seminare der Verlage. Die Produkte sind über einen Online-Shop recherchier- und bestellbar.

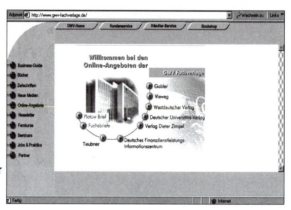

Für ausgewählte Produkte werden Demoversionen zum Download, Leseproben, weitere Informationsquellen im Internet und Rezensionen bereitgestellt. So ist zum Beispiel eine Online-Variante des Gabler Wirtschafts-Lexikon mit über 500 Stichworten voll recherchierbar auf der Homepage integriert.

Über die Homepage finden Sie auch den Einstieg in die Online-Angebote der Verlagsgruppe, so etwa zum Business-Guide, der die Informationsangebote der Gabler-Wirtschaftspresse unter einem Dach vereint, oder zu den Börsen- und Wirtschaftsinfos des Platow Briefes und der Fuchsbriefe.

Selbstverständlich bietet die Homepage dem Nutzer auch die Möglichkeit mit den Mitarbeitern in den Verlagen via E-Mail zu kommunizieren. In unterschiedlichen Foren ist darüber hinaus die Möglichkeit gegeben, sich mit einer „community of interest" online auszutauschen.

... wir freuen uns auf Ihren Besuch!

www.gabler.de
www.vieweg.de
www.westdeutschervlg.de
www.teubner.de
www.duv.de

Abraham-Lincoln-Str. 46
65189 Wiesbaden
Fax: 06 11.78 78-400